사중 구원

아더 핑크

사중 구원
A Fourfold Salvation

발행일	2016년 6월 15일 초판 3쇄
	2015년 10월 30일 초판 1쇄
	2015년 10월 30일 전자책

지은이	아더 핑크 (Arthur W. Pink)
옮긴이	정시용

발행인	정시용
발행처	프리스브러리
전자 우편	info@prisbrary.com
홈페이지	www.prisbrary.com

Copyright ⓒ 프리스브러리, 2016, Printed in Korea.
ISBN 978-89-6774-014-6 (03230)

이 도서의 국립중앙도서관 출판예정도서목록(CIP)은 서지정보유통지원시스템 홈페이지(http://seoji.nl.go.kr)와 국가자료공동목록시스템(http://www.nl.go.kr/kolisnet) 에서 이용하실 수 있습니다. (CIP제어번호 : CIP2015029267)

이 책의 성경 구절은 보다 정확한 내용 전달을 위해 원문에 사용된 성경 구절을 직접 번역하여 실었습니다.

차례

제1장_들어가는 글 ·· 7

제2장_죄의 쾌락에서 구원 ·· 20
    죄의 쾌락에서 구원이란?
    죄의 쾌락에서 구원받은 결과

제3장_죄의 형벌에서 구원 ·· 39

제4장_죄의 지배에서 구원 ·· 47
    죄의 지배에서 구원이란?
    하나님 측면에서 본 죄의 지배에서 구원

제5장_죄의 실존에서 구원 ·· 75

제6장_맺는 글 ·· 84
    이스라엘 역사로 살펴보는 사중 구원
    요약

부 록_다른 복음 ·· 91

옮긴이의 글

당신은 정말로 구원받았습니까?

신앙생활을 열심히 하는 사람이라고 해도 갑자기 이런 질문을 받으면 당황한 나머지 자신 있게 대답하지 못할 때가 많습니다. 죄를 회개하고 예수 그리스도를 구주로 받아들였지만, 막상 자신의 삶을 돌아보면 죄의 유혹에 굴복할 때가 너무 많기 때문입니다. 게다가, 회심하기 전에는 대수롭지 않게 생각했던 사소한 죄조차도 하나님의 빛이 양심을 비추고 난 이후에는 자기 자신이 싫어질 정도로 끔찍한 범죄처럼 여겨집니다. 마치 오래 방치된 어두컴컴한 방에 햇빛이 비치면 그 안의 거미줄과 먼지가 드러나는 것처럼, 성령님께서도 거듭난 자의 마음을 환히 비추어 그 안의 온갖 더러운 것을 적나라하게 들추어냅니다. 그래서 그리스도 안에서 이미 새로운 피조물이 된 자임에도 불구하고 과거에 저지른 죄와 현재 마음속에 남아있는 죄의 본능 때문에 자신이 정말로 구원받았는지 확신하지 못할 때가 있습니다. 교활한 마귀는 그 틈을 놓치지 않고 〈넌 구원받은 적이 없고 그저 위선자일 뿐이야〉라고 속삭이며 믿는 자를 낙심시키려 합니다.

그렇다면 이런 마귀의 공격에 넘어지지 않고 흔들리지 않는 구원의 확신을 품으려면 어떻게 해야만 할까요? 방법은 단 하나입니다. 바로 성경을 통해 하나님께서 계시해주신 구원의 약속을 확실히 깨닫고 믿음으로 굳게 붙드는 것입니다. 아더 핑크는 이 책에서 성경을 통해 하나님께서 알려주신 〈중생〉, 〈칭의〉, 〈성화〉, 〈영화〉의 사중 구원에 대한 기본 개념을 〈죄의 쾌락에서 구원〉, 〈죄의 형벌에서 구원〉, 〈죄의 지배에서 구원〉, 〈죄의 실존에서 구원〉이란 표현을 사용해 알기 쉽게 설명하였습니다. 그래서 신학 용어에 익숙하지 않은 일반 신자들도 구원의 개념을 확실히 이해할 수 있도록 했습니다. 또, 이 책의 후반부에 실린 『다른 복음』이란 단편에서는 사람들이 구원에 대해 흔히 잘못 이해하는 부분을 집중적으로 조명해 올바른 복음이란 무엇인지 명확히 분별할 수 있게 했습니다.

〈구원〉은 성경 전체의 내용을 한 단어로 압축해 놓은 것이라 해도 될 만큼 기독교 신앙의 가장 핵심적인 교리입니다. 구원의 교리를 제대로 이해하지 못한 채 신앙생활을 하는 사람은 마치 등불 없이 어두운 밤길을 걷는 것처럼 언제 실족할지 모르는 위험에 노출되어 있습니다. 반면, 구원을 확실히 이해하고 구원의 확신이 분명한 사람은 등대 불빛을 바라보며 항해하는 선장처럼 폭풍우가 몰아치는 가운데서도 구원의 소망을 품고 평안함을 유지할 수 있습니다. 그런 의미에서 이 책은 그동안 구원에 대해 막연하게 알고 있었거나 전혀 다른 개념을 가졌던 사람들에게 성경적인 바른 구원관을 심어줄 훌륭한 지침서가 되어줄 것입니다.

들어가는 글

1929년, 영적으로 미숙한 시절에 받았던 가르침을 기초로 『삼중 구원』이란 소책자를 쓴 적이 있습니다. 하지만 제가 받은 가르침이 미흡했던 탓에 그 책에도 오류가 있었습니다. 그 후, 말씀을 꾸준히 연구하는 중에 하나님께서 이 주제에 대해 더 깊은 깨달음을 주셨습니다. 아직 부족한 점이 많지만, 그래도 전에 쓴 책에서 무엇이 잘못되었는지 깨달을 정도는 되었습니다. 이전 책에서는 〈구원의 과정〉을 설명할 때 구원의 첫 단계를 다루지 않고 거의 중간 지점부터 시작한 것이 문제였습니다. 전에는 죄로부터 세 가지 측면에서 구원받는다고 생각했지만, 이제는 죄로부터 네 가지 측면에서 구원을 받는다는 사실을 알게 되었습니다. 제게 이런 깨달음을 주신 주님의 선하심이 어찌나 큰지 모릅니다. 주님께서 섭리 가운데 이처럼 새로운 기회를 주셨으니, 이제 그 깨달음을 널리 전하는 것이 제게 주어진 사명이라 생각합니다. 하나님께 영광 돌리고 그의 백성이 주님을 더욱 알도록, 성령님, 저를 은혜롭게 사용하여 주옵소서.

하나님의 〈이처럼 위대한 구원〉(히 2:3)은 성경의 계시와 우리 경험을 통해 평생을 연구해도 모자를 만큼 중요한 주제입니다. 혹시 이제는 구원에 대해 더 깊이 이해할 필요가 없다고 자신하는 사람이 있다면, 그는 〈만일 누군가 무엇을 안다고 생각하면, 그는 아직 알아야만 할 것을 전혀 알지 못하는 것이다〉(고전 8:2)란 말씀에 귀 기울여야 할 것입니다. 성경에 나오는 어떠한 주제라도 그것을 전부 파악했다고 자신하는 순간 더 큰 깨달음을 얻을 기회를 스스로 차버리는 것입니다. 그러므로 하나님의 일을 더욱 잘 이해하려면 똑똑한 머리가 아니라 겸손한 마음과 배우려는 자세가 필요합니다. 하지만 태어날 때부터 스스로 겸손한 자세를 가진 사람은 없으므로 우리는 매일 겸손해지도록 하나님의 도우심을 간절히 구해야 합니다.

하나님의 구원이란 주제는 애석하게도 오랜 세월 극심한 논쟁에 휘말렸으며, 심지어 신앙을 고백하는 그리스도인들 사이에서도 다양한 의견이 존재합니다. 이처럼 핵심적인 기본 진리에 관해서조차 의견이 하나로 모이기란 참으로 어렵습니다. 한 편에서는 구원을 하나님께서 값없이 주신 은혜라고 설명하는 반면, 다른 편에서는 인간의 노력으로 얻을 수 있다고 주장합니다. 또, 두 입장의 중간 지점을 찾아보려고 애쓰는 사람들도 많습니다. 다시 말해, 잃어버린 죄인이 하나님의 은혜로 구원받는다는 것은 인정하지만, 은혜만으로는 2% 부족하며 피조물로부터 〈무언가〉가 더해져야만 진정으로 구원이 완성된다고 주장하는 사람들이 있습니다. 그 무언가에 관해서는 〈세례〉, 〈교회 등록〉, 〈선행〉, 〈끝까지 믿음 지키기〉 등 여러 가지 견해가 있습니다. 이와는 정반대로 구원은 오직 하나님의 은혜로만 베풀어질 뿐만 아니라, 하나님께서는 은혜 외에 어떠한 다른 수

단도 사용하지 않는다고 주장하는 사람들도 있습니다. 하지만 그런 주장은 하나님께서 구원을 성취하기 위한 위대한 〈수단〉으로써 그리스도의 희생을 사용하셨다는 사실조차 간과하는 것입니다.

하나님의 교회는 창세 전에 그리스도 안에서 택함 받고 양자로 예정되는 축복을 받았으며 어떤 것도 이 놀라운 사실을 뒤바꿀 수 없습니다. 그뿐 아니라, 죄가 세상에 들어오지만 않았다면 그 누구도 죄에서 구원받을 필요가 전혀 없었을 것입니다. 하지만 죄는 세상에 들어오고 말았고, 교회는 아담 안에서 타락하여 하나님의 율법에 의해 정죄 받고 저주 아래 놓였습니다. 그 결과, 하나님께 택함 받은 자들은 버림받은 자들과 마찬가지로 그들의 우두머리 된 아담의 사형죄에 연루되어 끔찍한 대가를 치르게 되었습니다.

아담 안에서 모두가 죽은 것처럼 (고전 15:22)

한 사람이 죄를 범함으로 모든 사람이 정죄 판결을 받았다. (롬 5:18)

그 결과, 모두가 〈마음이 어두워져 자기 속의 어리석음 때문에 생명의 하나님과 멀어졌고〉(엡 4:18), 그리스도의 몸인 성도들도 〈다른 이들처럼 날 때부터 진노의 자녀〉(엡 2:3)로 태어나며, 결국 똑같이 하나님의 구원이 간절히 필요하게 되었습니다.

대부분 성도가 하나님의 구원에 관해서 기본적으로는 양호한 견해를 지녔지만, 구원의 과정에 대해서는 자세히 모르거나 어느 한쪽 측면만 지나치게 강조한 나머지 똑같이 중요한 구원의 다른 부분을 무시해버리는 경우가 많습니다. 실제로 다음 세 구절의 차이를 명확하게 설명할 수 있는 사람은 그리 많지 않습니다.

    1) 하나님께서 우리를 〈구원하셨다.〉(딤후 1:9)
    2) 두렵고 떨림으로 너희 자신의 〈구원을 힘써 이뤄라.〉(빌 2:12)
    3) 지금은 처음 믿었을 때보다 우리 〈구원이 가까워졌다.〉(롬 13:11)

여기서 언급된 세 시점의 구원은 서로 다른 것이 아니라 같은 구원을 세 시점으로 나누어 놓은 것입니다. 다시 말해, 1) 과거에 성취된 구원, 2) 현재 성취되는 구원, 3) 미래에 성취될 구원을 각각 언급하고 있습니다. 이 세 시점의 구원을 확실히 구분하지 않으면 구원을 제대로 이해할 수 없습니다.

그런데 요즘은 이 구원의 시점을 무시하고 뒤죽박죽 섞어서 이해하는 사람이 너무 많습니다. 어떤 사람은 그중 하나만 옳다고 인정하며 다른 두 시점에 대해서는 반론을 펼치기도 합니다. 어떤 사람은 자신이 이미 완전하게 구원받았다고 하며 〈현재 성취되는 구원〉을 전혀 인정하지 않기도 합니다. 반대로 구원은 오직 미래에 성취되는 것이며, 이 땅에서는 어떤 종류의 구원도 성취되지 않는다고 주장하는 사람도 있습니다. 하지만 모두 잘못 알고 있는 것입니다. 실제로 성도들은 대부분 구원이 성경에서 가장 난해한 개념이란 사실을 잘 모르고 있습니다. 구원은 〈예정〉, 〈중생〉, 〈칭의〉, 〈성화〉, 〈영화〉을 전부 포함한 복합적인 용어입니다. 그런데 사람들은 구원의 복합적인 개념과 분야를 최대한 축소하고 압축해서 단편적으로 이해하려고 시도합니다. 일반적으로 사람들은 구원이란 〈새롭게 태어나는 것〉이나 〈죄를 용서받는 것〉 정도로 이해합니다. 그런데 그들에게 〈현재 성취되는 구원〉에 대해 설명해주면 이상한 눈초리로 쳐다볼지도 모릅니다. 더욱이 〈미래에 성취될 구원〉까지 설명하면 아마 이단으로 오해받을지도 모릅니다. 사실 잘못 알고 있는 쪽은 그들인데도 말입니다.

주위 그리스도인에게 〈구원받았습니까〉라는 질문을 던지면 대부분 〈네, 전 이러이러한 연도에 구원받았습니다〉라고 대답하곤 합니다. 하지만 그것은 그저 자기 생각에 불과합니다. 그에게 〈당신은 무엇을 근거로 구원받았습니까〉라고 질문하면, 아마 〈그리스도의 완성된 사역〉이라는 대답밖에 못 할 것입니다. 그런데 그 정도의 대답으로는 충분하지 않다고 지적하면 매우 화를 낼지도 모릅니다.

현대에 널리 퍼져 있는 구원을 단편적으로 잘못 인식한 예로서, 빌립보서 2장 12절에 대해 쓴 어떤 소책자의 내용을 인용해보겠습니다.

〈두려움과 떨림으로 너희 자신의 구원을 힘써 이뤄라〉는 지시는 도대체 누구에게 한 것인가? 이 서신의 첫머리에 〈예수 그리스도 안에 있는 성도들에게)라고 쓰인 것으로 보아 빌립보서의 수신 자는 모두 믿는 자들이었다! 따라서 믿음으로 이미 구원받은 그 들은 자신의 구원을 힘써 이뤄야 할 필요가 전혀 없다.

안타깝게도 이러한 주장에 어떠한 점이 잘못되었는지 확실히 분별하는 사람이 최근에는 매우 드뭅니다. 어떤 성경 교사는 심지어 이렇게까지 가르치기도 합니다.

〈너 자신을 구원하라〉(딤전 4:16)는 구절은 틀림없이 육체적인 질병을 치료하라는 의미일 것이다. 왜냐하면, 이 편지의 수신자인 디모데는 이미 영적으로는 구원을 받았기 때문에 자신을 구원할 필요가 없기 때문이다.

디모데가 영적으로 이미 구원받은 것은 사실입니다만, 그가 현재 구원받는 중이란 것도 사실이며, 미래에 구원받을 예정이란 것도 사실입니다.

앞에서 인용한 세 구절 외에, 구원의 세 시점과 관련된 구절을 신약에서 좀 더 살펴보겠습니다.

1) 과거에 성취된 사실로서 구원을 언급한 구절

　　네 믿음이 너를 〈구원하였다.〉 (눅 7:50)

　　은혜로 너희가 〈구원되었다.〉 (엡 2:8)

　　그분의 긍휼하심에 따라 그가 우리를 〈구원하셨다.〉 (딛 3:5)

2) 현재 성취되는 과정인 구원을 표현한 구절

　　〈구원되고 있는〉 우리에게는 (고전 1:18)

　　영혼의 〈구원되는 것〉을 믿는 자들 (히 10:39)

3) 미래에 성취될 구원을 말한 구절

　　〈구원의 상속인이 될〉 자들을 보살피기 위해 보내진 (히 1:14)

　　너희 영혼을 〈구원할 수 있는〉 마음에 새겨진 말씀을 겸허하게 받아라. (약 1:21)

〈마지막 때 나타나려고 예비된 믿음을 통한 구원〉을 얻도록 하나님의 능력으로 지켜지는 (벧전 1:5)

이처럼 여러 시점에서 묘사된 구원에 대한 구절을 모두 종합해보면 진정한 그리스도인은 모두 이미 구원되었고, 현재 구원되는 중이며, 장차 구원될 예정이란 것을 확신할 수 있습니다. 그런데 도대체 어떻게 구원을 받고, 또 무엇에서 구원받는 것일까요? 그 부분에 관해서는 2장에서 5장까지 집중적으로 살펴볼 예정입니다.

다음은 하나님의 놀라운 구원에 대해 다양한 관점에서 묘사한 성경 구절로, 주의 깊게 묵상해볼 필요가 있습니다.

은혜로 너희가 구원되었다. (엡 2:8)

그리스도의 생명으로 구원되었다. (롬 5:10)

네 믿음이 너를 구원하였다. (눅 7:50)

너희 영혼을 구원할 수 있는 마음에 새겨진 말씀을 겸허하게 받아라. (약 1:21)

소망으로 구원되었다. (롬 8:24)

구원되지만 불 가운데서 구원되었다. (고전 3:15)

지금의 세례도 이 물(노아의 홍수)과 같은 상징으로써 예수 그리스도의 부활을 통해 우리를 구원한다. (벧전 3:21)

여러분, 성경은 게으른 자를 위한 책이 아닙니다. 오랜 시간을 들여 기도하는 가운데 묵상하지 않으면 이런 구절을 올바로 해석할 수 없습니다. 하나님께서 우리를 혼란스럽게 하려고 이해하기 힘든 구절을 주신 것이 아닙니다. 오히려 그런 난해한 구절을 통해 우리를 겸손히 낮추시고, 무릎 꿇게 하며, 하나님의 영에게 더욱 의지하도록 하시기 위해서입니다. 스스로 지혜롭게 여기는 교만한 자에게 천상의 비밀은 절대 열리지 않습니다.

우리가 무엇에 의존해 구원받을 수 있는지에 대해 보통 〈그리스도의 보혈〉만 생각하곤 합니다. 하지만 성경은 한 영혼이 구원될 때 다음 네 가지 요소가 함께 작용한다고 말합니다.

1) 구원의 발생 - 하나님의 영원한 목적, 다시 말해 하나님께서 예정하신 은혜로 구원은 시작됩니다.

2) 구원의 공로 - 그리스도께서 중보 사역을 통해 구원을 위한 모든 공로를 이루셨습니다. 다시 말해, 그리스도께서 우리 대신 율법의 모든 의무를 완전히 충족하셨다는 뜻입니다.

3) 구원의 적용 - 성령님께서 우리를 거듭나게 하시고 거룩하게 변화시키는 과정입니다. 이 과정을 통해 우리는 실제로 구원되었음을 체감합니다. 성령님은 그리스도께서 이미 완성하신 구속 사역을 우리에게 실제로 적용하는 일을 하십니다. 이처럼 우리의 구원은 그리스도의 공로에만 의존하는 것이 아닙니다. 우리의 구원은 성부, 성자, 성령 하나님의 은혜에 동등하게 의존해야만 합니다.

4) 구원의 수단 - 우리의 믿음, 순종, 인내가 구원을 이루는 수단으로 사용됩니다. 물론 이것 때문에 우리가 구원받는 것은 아닙니다. 하지만 하나님께서 이런 것을 구원이 성취되는 필수적인 수단으로 지정해 놓으셨습니다.

책머리에서 말씀드린 대로, 사역 초기에 쓴 『삼중 구원』이란 책에서 저는 구원의 시작을 〈죄의 형벌에서 구원〉을 가져오는

〈칭의〉부터 설명하고 말았습니다. 하지만 이는 제가 잘못된 교사들의 가르침을 맹목적으로 답습한 탓에 저지른 실수였으며, 지금은 구원이 〈칭의〉부터 시작하는 것이 아님을 깨달았습니다. 정확히 말하면, 구원은 우리를 끝없는 영광으로 인도하려고 예정하신 〈하나님의 영원한 목적〉에서 처음 시작되는 것입니다.

> 하나님께서 우리를 구원하셨고 거룩한 부르심으로 부르셨으니, 이는 우리 행위에 따른 것이 아니라 하나님 자신의 목적과 은혜에 따른 것인데, 이 은혜는 세상이 시작하기 전에 그리스도 예수 안에서 우리에게 주어진 것이다. (딤후 1:9)

이 구절이 하나님의 택하심을 확실히 증언해줍니다. 결국, 하나님께서 택하신 백성은 주님의 의지에 따라 이미 완전한 구원을 받은 것입니다. 그러므로 앞으로 우리에게 남은 과제는 하나님의 목적이 어떻게 수행되고, 하나님의 선포가 어떻게 성취되며, 하나님의 구원이 어떻게 이뤄지는지 살펴보는 것뿐입니다.

죄의 쾌락에서 구원

1_죄의 쾌락에서 구원이란?

하나님께서 택하신 자에게 구원을 베푸실 때, 가장 먼저 그를 죄의 쾌락에서 구원하십니다. 어쩌면 이것은 너무 당연한 절차일지 모릅니다. 우리가 여전히 하나님께서 증오하는 것을 사랑하며 주님을 대적하고 있는데도 그런 우리를 완전하게 용서하신다면, 그것은 전혀 거룩하지도 않고 공의롭지도 않은 일이기 때문입니다. 하나님은 질서의 하나님이시며 모든 일을 순리에 맞도록 완전하게 행하시는 분입니다. 그렇다면 하나님은 어떤 방법을 사용해 우리를 죄의 쾌락에서 구원하실까요? 주님은 〈우리에게 악을 미워하고 거룩함을 사랑하는 본성을 심어주심〉으로 죄의 쾌락에서 구원하십니다. 이 새로운 본성은 죄인이 거듭날 때 주어지는 것입니다. 따라서 구원이 실제로 시작되는 것은 죄인의 죽었던 영혼이 새롭게 소생되는 것부터라 할 수 있습니다. 당연히 그럴 수밖에 없습니다. 그밖에 어디서부터 구원이 시작될 수 있겠습니까? 타락한 인간은 성령님에 의해 새로워지기 전에는 절대 스스로 그리스도께 나오는 법이 없으며, 심지어 자신에게 구원이 절실하게 필요하다는 사실조차 인식하지 못합니다.

〈하나님께서는 모든 것을 시기에 맞춰 아름답게 만드셨습니다.〉(전 3:11) 그래서 하나님의 영적인 일도 그 시기를 잘 살펴보지 않으면 제대로 이해하기 어렵습니다. 성령님도 다음과 같이 구원의 순서를 열거하며 구원이 임하는 시기를 강조했습니다.

> 이는 하나님께서 그들을 미리 아셨고, 또한 그들이 하나님 독생자의 형상을 본받도록 예정하셔서, 그가 많은 형제 중 맏아들이

되도록 하셨다. 더욱이, 예정하신 자들을 또한 부르시고, 부르신 자들을 또한 의롭다 하시고, 의롭다 하신 자들을 또한 영화롭게 하셨다. (롬 8:29~30)

로마서 8장 29절은 하나님의 예정에 대해 말하고, 30절에선 예정하신 것이 구체적으로 어떻게 실현되는지를 설명합니다. 하나님께서 구원의 순서를 이처럼 분명하게 명시해 놓으셨는데도, 너무 많은 설교자가 구원을 설명할 때 하나님의 예정과 부르심에 관해서는 생략해버리고 곧바로 〈칭의〉부터 시작합니다. 하지만 우리가 의롭다 여김을 받기 전에 반드시 하나님께서 우리의 죽은 영혼을 소생시키는 과정이 선행되어야 합니다. 왜냐하면, 우리는 〈믿음〉을 통해 하나님께 의롭다 여김을 받는데,(행 13:39, 롬 5:1, 갈 3:8) 하나님의 도우심이 없다면 어떠한 죄인도 스스로 구원받는 믿음을 가질 수 없기 때문입니다.

〈죄인이 스스로 믿음을 가질 수 없다는 점〉 때문에 하나님의 부르심에 대해서 생략한 채 곧바로 믿음에 의한 〈칭의〉부터 가르치는 것은 모순된 일입니다. 오늘날 설교자들은 자유의지론에 철저히 물들어서, 선조들이 지녔던 건전한 복음주의를 완전히 떠나버렸습니다. 바로 이 부분에서 알미니우스와 칼빈의 신학이 확연한 차이를 보입니다. 알미니우스의 신학이 피조물 주위를 맴돌고 있는 반면, 칼빈의 신학은 창조주를 중심으로 궤도를 형성합니다. 알미니우스는 최고의 자리에 인간을 앉혔지만, 칼빈은 그 영예의 자리를 하나님께 바쳤습니다. 알미니우스 신학자들은 구원을 설명할 때 〈칭의〉부터 시작하는데, 왜냐면 일단 죄인이 믿어줘야만 하나님께서 그를 용서하실 수 있다고 생각하기 때문입니다. 그러면서 〈칭의〉 이전에 일어나는 일에는 관심을 두지 않습니다. 이는 인간이 보잘것없는 존재란 사실을 인정하기 싫어서입니다. 하지만 칼빈의 신학을 제대로 이해한 사람이라면 구원을 설명할 때, 먼저 하나님께서 구원받을 자를 택하시고 소생시키시는 과정부터 설명할 것입니다. 그리고 하나님께서 거듭나게 하신 죄인만이 진정으로 복음을 믿을 수 있다고 할 것입니다. (죽은 영혼을 거듭나게 하는 것은 전적으로 하나님의 주권에 달려있으며, 피조물이 관여할 수 있는 영역이 아닙니다.)

그나저나 죄의 쾌락에서 구원받아야 한다고 말하면, 어떤 사람들은 자기가 악을 즐거워한 적이 언제 있었느냐며 강하게 반발합니다. 그들은 마치 제가 자기들을 악당처럼 취급한다고 생각하며 매우 불쾌해 합니다. 하지만 이는 오해입니다. 악당뿐 아니라 지극히 고상한 사람들이라 해도 악을 기뻐하고 즐거워하는 것은 마찬가지입니다. 혹시 여러분 중에도 평생 단 한 번도 죄의 쾌락을 느껴본 적이 없으며, 어린 시절부터 모든 종류의 악을 혐오했다고 자신하는 사람이 있을지도 모릅니다. 그런 분들의 인성을 의심하려는 것은 아니지만, 그런 주장은 그저 〈만물보다 거짓된 것이 마음이다〉(렘 17:9)라는 사실을 뒷받침해주는 적절한 예시가 되어줄 뿐입니다. 모든 인간이 죄를 즐거워한다는 것은 따져볼 필요도 없는 엄연한 사실입니다. 하나님의 말씀이 단호하게 그렇다고 증언합니다. 그렇다면, 성경에는 이 문제에 관해 구체적으로 어떻게 기록되어 있을까요?

하나님의 말씀은 〈죄의 쾌락〉에 대해 확실히 언급하고 있으며, 그런 즐거움은 그저 〈한 때〉(히 11:25)일 뿐이고, 그 여파는 오히려 고통스럽고 즐겁지 않다고 경고합니다. 게다가 단순히 즐겁지 않게 되는 수준에서 그치지 않습니다. 하나님께서 주권적인 은혜로 개입하지 않으셨다면 우리는 영원한 고통에 시달려야 했습니다. 또, 하나님의 말씀은 〈하나님보다 쾌락을 더 사랑하는 자〉(딤후 3:4)에 대해서도 말합니다. 이런 인간의 모순된 태도가 성경에 얼마나 자주 언급되는지 모릅니다.

> 헛된 것을 사랑하고 (시 4:2)
>
> 폭력을 사랑하는 자 (시 11:5)
>
> 네가 선보다 악을 더 사랑하며 (시 52:3)
>
> 그가 거짓을 사랑했으니 (시 109:17)
>
> 비웃는 자는 자신의 비웃음을 즐기고 (잠 1:22)
>
> 자신의 가증한 것을 즐기는 그들은 (사 66:3)
>
> 그들이 사랑하는 것들처럼 그들도 가증스럽게 되었다. (호 9:10)
>
> 선을 미워하고 악을 사랑하는 너희는 (미 3:2)
>
> 만일 사람이 세상을 사랑하면, 아버지의 사랑이 그 안에 있지 않다. (요일 2:15)

죄를 사랑하는 것은 단순히 죄를 짓는 것보다 훨씬 안 좋습니다. 죄를 사랑하는 자는 죄의 유혹에 취약해 언제라도 쉽사리 죄를 지을 수 있기 때문입니다.

사실 우리는 태어날 때부터 악한 본성뿐 아니라 죄를 너무도 사랑하는 마음마저 지녔습니다. 그래서 죄를 짓는 것은 우리의 천성입니다. 우리는 욕망과 혼인하였고, 에티오피아인이 피부색을 바꾸지 못하며 표범이 줄무늬를 없애지 못하듯이 우리도 스스로 부패한 본성을 바꿀 수 없습니다. 하지만 사람에게 불가능한 일도 하나님께선 할 수 있습니다. 하나님께서 구원을 베푸실 때는 먼저 우리를 죄의 쾌락에서 구원하는 것부터 시작하십니다. 전능하신 주님께서 거름 더미에 파묻힌 더러운 문둥병자 같은 우리를 굽어살피셔서 그리스도 안에서 새로운 피조물로 지으시고, 한때 사랑했던 것을 이제는 미워하게 되고 미워했던 것을 사랑하도록 하시는 은혜가 얼마나 놀라운지요. 하나님께서 구원을 베푸실 때는 먼저 우리를 우리 자신에게서 구원해주십니다. 먼저 죄를 사랑하는 것에서 해방시킨 후에 우리를 죄의 형벌에서 구원해주십니다.

그렇다면 하나님께서는 이 은혜로운 기적을 구체적으로 어떻게 베푸실까요? 일단 우리의 악한 본성을 뿌리째 뽑아내거나 정화하는 방식은 사용하시지 않습니다. 대신 우리에게 거룩한 본성을 새롭게 심어주어 악을 혐오하고 선을 진실로 기뻐하는 사람이 되도록 하십니다. 좀 더 구체적으로는 다음과 같습니다.

첫째, 하나님께서는 자기 백성에게 하나님을 경외하는 마음을 주심으로 죄의 쾌락에서 구원하십니다.

> 여호와를 경외하는 것은 곧 악을 미워하는 것이다. (잠 8:13)
> 여호와를 경외하는 것은 곧 악에서 떠나는 것이다. (잠 16:6)

둘째, 하나님께서는 자기 백성의 마음에 하나님을 사랑하는 마음을 가득 채우셔서 죄에 대한 사랑이 머물지 못하게 하십니다.

> 하나님의 사랑이 성령으로 말미암아 우리 마음에 부어졌다. (롬 5:5)

셋째, 하나님께서는 자기 백성이 성령으로 말미암아 하늘의 것에 관심을 두게 해서, 기존에 그들의 마음을 사로잡고 있던 것에서 벗어나게 하십니다.

불신자들은 자신이 죄를 사랑한다는 사실을 강하게 부인합니다. 반대로, 믿는 자들은 자신이 정말로 죄를 사랑하는 것에서 구원받았는지 확신하지 못할 때가 있습니다. 성령님께서 빛을 비춰주셔서 깨달음을 일부 얻은 성도들은 예전보다 자기 본 모습을 더욱 정확하게 봅니다. 은혜 덕분에 마음이 정직해져서 단 것을 쓰다고 말하지 않습니다. 거듭난 후 양심이 예민해져서 죄와 금지된 것을 갈망하는 자신의 감정을 더 빨리 알아챕니다. 더욱이, 영혼은 거듭났지만 육신은 그대로여서 마치 까마귀가 썩은 고기를 찾아다니듯이 날 때부터 지닌 부패한 본성이 거룩함과 정반대되는 것에서 기쁨을 찾으려고 합니다. 그래서 진짜 신자라도 구원을 확신하기가 쉽지 않습니다.

신실한 그리스도인은 때로 자신이 죄를 사랑하는 것에서 정말로 구원받았는지 의문을 품으며 마음이 심란해집니다. 〈나는 왜 이렇게 쉽게 유혹에 빠질까?〉, 〈나는 왜 세상의 허영과 쾌락에 강한 매력을 느낄까?〉, 〈나는 왜 내 욕망을 억제하는 것들에 짜증이 날까?〉, 〈나는 왜 욕망을 절제하는 일이 어렵고 싫을까?〉, 〈내가 정말 그리스도 안에서 새로운 피조물이라면 어째서 이런 일이 있을 수 있는가?〉, 〈하나님께서 정말로 나를 죄의 쾌락에서 구원하셨다면 어째서 이처럼 끔찍한 일을 경험할까?〉 아마 여러분 마음에도 이런 의혹이 끊이질 않을 것입니다. 하지만 정말로 불쌍한 사람은 이런 고민을 단 한 번도 해보지 못한 자들일 것입니다. 그러면 이 질문들에 대한 올바른 대답은 무엇일까요? 이 괴로운 고민을 해결하려면 어떻게 해야 할까요?

우리가 죄를 사랑하는 것에서 구원받았는지 어떻게 확신할 수 있을까요? 모순 같지만, 죄를 사랑하는 것에서 구원받은 사람도 여전히 악한 것을 기뻐하고 욕망할 수 있습니다. 구원받은 사람이라 할지라도 그 내면은 여전히 죄인이란 사실이 복음의 신비로운 부분입니다. 사실 이 점은 믿음의 문제를 다룰 때도 비슷합니다. 하나님께서 우리에게 믿음을 주셨다고 해도, 마음속 불신이 완전히 제거되는 것은 아닙니다. 거듭난 영혼도 믿음과 의심을 동시에 가질 수 있는데, 〈주님, 제가 믿습니다. 저의 믿음 없는 것을 도와주소서!〉(막 9:24)란 말씀이 그 증거입니다. 이처럼 우리도 〈주님, 제가 거룩해지고 싶습니다. 저의 죄를 욕망하는 것을 도와주소서!)라고 기도해야 합니다. 그런데 도대체 이 갈등은 왜 일어날까요? 그 이유는 그리스도인 내면에 전혀 다른 두 본성이 함께 존재하며 서로 싸우고 있기 때문입니다.

우리에게 믿음이 있는지 어떻게 확인할 수 있을까요? 의심을 없앤다고 되는 게 아니라, 믿음의 열매와 행동이 있는지 확인해보면 됩니다. 꽃도 잡초가 무성한 곳에서 필 수 있고, 열매도 가시가 많은 곳에서 자랄 수 있습니다. 그래도 그것들이 꽃과 열매란 사실은 달라지지 않습니다. 믿음도 많은 의심과 두려움이 있는 가운데서 생길 수 있습니다. 외부의 핍박과 내면의 의심에도 불구하고 우리 믿음은 여전히 하나님을 향해 자라나고 있습니다. 수많은 실망과 좌절을 겪더라도 믿음은 계속 싸워나갑니다. 하나님께 아무리 거절당해도 믿음은 야곱처럼 〈주께서 저를 축복하지 않으신다면, 주님을 보내드리지 않을 것입니다〉라며 여전히 주님께 매달립니다. 믿음은 매우 연약하고 변덕스러워 의심의 먹구름에 가려질 때도 있지만, 그렇더라도 마귀는 결코 믿는 자로 하여금 하나님의 말씀을 부인하거나, 그 아들을 멸시하거나, 모든 소망을 버리도록 설득할 수는 없습니다. 여러분이 하나님의 은혜와 축복을 간절히 바라며 빈손으로 주님께 나아간다면, 그것이 바로 믿음이 있다는 증거입니다.

의심이 가득한 곳에도 믿음이 존재할 수 있는 것처럼, 악한 것을 좇는 육신의 욕망이 남아있음에도 우리는 여전히 죄를 사랑하는 것에서 구원받았다고 확신할 수 있습니다. 하지만 무엇을 통해 구원의 확신을 얻을 수 있을까요? 이 구원의 초기 단계는 어떤 현상을 통해 겉으로 드러날까요? 앞서 말했듯이 하나님께서는 우리를 거듭나게 하실 때, 악을 미워하고 거룩한 것을 사랑하는 새 본성을 심어주심으로 우리를 죄의 쾌락에서 구원하십니다. 결국, 우리가 신경 써야 할 점은 이 거룩한 새 본성이 우리에게 주어졌는지 아닌지 확인해보는 것입니다. 이 본성은 성령의 도우심을 받아 우리 속의 죄를 대적하는 일을 하며, 이로써 우리는 거듭난 것을 확신할 수 있습니다. 왜냐하면 육신(죄속성)이 영을 거스르는 것처럼, 영(거룩한 속성) 또한 육신을 거슬러 싸우기 때문입니다.

2_죄의 쾌락에서 구원받은 결과

1) 죄가 무거운 짐처럼 여겨짐

죄의 쾌락에서 구원받은 자는 죄가 무거운 짐처럼 여겨집니다. 이것이야말로 진정한 영적 체험입니다. 수많은 영혼이 세상 근심에 힘겨워하지만, 그렇다고 죄의식의 무게 때문에 짓눌리지는 않습니다. 하지만 하나님의 손에 붙들린 자는 과거에 저지른 죄악이 견딜 수 없는 짐처럼 양심을 짓누릅니다. 거룩하고 거룩하고 거룩하신 하나님의 눈에 비친 우리 모습을 깨닫는 순간 우리는 시편 기자처럼 이렇게 고백할 것입니다.

> 수없이 많은 악이 제 주위를 에워쌌습니다. 제 악행이 저를 사로잡아 제가 고개를 들 수 없으며, 그것이 제 머리털보다 많으므로 제가 낙심하였습니다. (시 40:12)

이제 죄는 전혀 즐겁지 않고, 오히려 잔인한 악몽이나 견딜 수 없는 짐 덩어리로 느껴집니다. 우리 영혼은 〈무거운 짐〉(마 11:28)에 못 이겨 쓰러지며, 양심은 감당할 수 없는 죄의식의 무게에 짓눌립니다. 게다가 이런 현상은 죄인이 처음으로 자신이 죄인임을 확실히 인식했을 때만 일어나는 것이 아닙니다. 그리스도인으로 사는 날 동안 격렬하거나 잔잔하게 계속 반복해서 일어납니다.

2) 죄가 괴롭게 느껴짐

죄의 즐거움에서 구원받은 자는 죄가 괴롭게 느껴집니다. 물론 거듭나지 않은 자들도 잡초만 무성히 수확한 농부처럼 후회하며 괴로워할 때가 있습니다. 하지만 그것은 죄 자체를 미워한다기보다 죄가 불러온 결과, 즉 건강을 잃거나 기회를 놓치거나 재정적으로 힘들거나 사회적으로 망신을 당한 탓에 괴로워하는 것일 뿐입니다. 제가 말씀드리는 괴로움은 그런 종류의 것이 아니라 성령에 붙들린 자에게 나타나는 심령의 괴로움입니다. 미혹의 장막이 벗겨져 하나님의 빛에 의해 죄를 직시하고 우리의 타락한 본성을 발견할 때, 우리가 얼마나 육욕과 죽음에 깊이 빠져있는지 깨닫게 됩니다. 숨겨있던 죄의 본 모습이 확연히 드러날 때 우리 속에 위선, 자기의, 불신, 조급함, 더러운 마음으로 가득 차 있다는 것을 느낍니다. 그래서 참회하는 심령으로 그리스도의 고난을 바라보며, 욥처럼 〈하나님께서 내 마음을 연약하게 만드심이라〉(욥 23:16)고 고백할 것입니다.

여러분, 바로 이 괴로움이 우리에게 그리스도를 따를 마음이 들도록 만들어줍니다. 건강한 자는 의사가 필요 없지만, 성령에 의해 깨달음을 얻고 죄의 확신을 품은 자는 위대한 의사이신 주님의 도움을 간절히 원할 것입니다.

> 여호와는 죽이기도 하시고 살리기도 하시며, 무덤으로 내려가게도 하시고 끌어올리기도 하신다. 여호와는 가난하게도 하시고 부하게도 하시며, 낮추기도 하시고 높이기도 하신다. (삼상 2:6~7)

하나님께서는 바로 이 방법, 즉 죄가 견딜 수 없는 짐처럼 여겨지고 쓰고 괴로운 쑥처럼 느껴지게 하심으로 우리의 자기 의를 죽이시며 우리를 가난하고 낮은 자가 되게 하십니다. 복음을 듣고 회개하기 전에는 어떠한 영혼도 구원에 이르는 믿음을 가질 수 없습니다. 그리고 회개란 경건한 마음으로 죄를 슬퍼하고, 거룩한 마음으로 죄를 미워하며, 신실한 마음으로 죄를 버리려고 결단하는 것입니다. 복음은 이렇게 사람들에게 죄를 회개하고 우상을 버리고 정욕을 억제하라고 합니다. 그렇기에 죄를 사랑하며 우상을 떠나느니 차라리 멸망하기로 작정한 사람에게는 복음이 결코 좋은 소식이 될 수 없는 것입니다.

죄가 괴롭게 느껴지는 경험도 우리가 처음 깨우쳤을 때만 일어나는 것이 아니라 이 땅에서 순례자의 삶을 마칠 때까지 계속됩니다. 그리스도인으로 살아가면서 때로는 유혹 때문에 괴로워하고, 때로는 사탄이 쏘는 불화살에 고통스러워하며, 때로는 자신이 저지른 악한 일 때문에 상처 입기도 합니다. 또, 선을 베푸시는 하나님께 악으로 되갚고, 대신 죽기까지 사랑하신 그리스도께 못되게 굴며, 회개하도록 권면하시는 성령님께 퉁명하게 대하는 자기 모습 때문에 몹시 슬퍼합니다. 말씀을 묵상하려 해도 다른데 정신이 팔리고, 기도하려 애써보지만 마음이 무뎌져 있고, 거룩한 안식일에는 머릿속에 세속적인 생각이 가득하고, 구세주를 향한 사랑은 날로 식어만 가는 자신을 보고 매일 한숨 쉬기도 합니다. 하지만 이 모든 것이 바로 여러분이 죄를 괴롭게 느끼고 있다는 증거입니다. 여러분이 하나님에게서 멀어지게 하는 생각이 머릿속으로 들어오는 것이 반갑지 않고 오히려 그것 때문에 애통하게 되었다면 이 말씀을 생각하십시오.

> 애통해 하는 자는 복이 있나니, 이는 저희가 위로받을 것이기 때문이다. (마 5:4)

3) 죄의 속박을 깨달음

죄의 쾌락에서 구원받은 자는 죄의 속박을 깨닫습니다. 하나님께서 우리 마음에 믿음을 심어주시기 전에는 우리의 고질적인 불신을 제대로 인식하지 못하는 것처럼, 하나님께서 우리를 죄의 쾌락에서 구원하시기 전에는 우리를 속박하고 있는 죄의 족쇄를 전혀 눈치채지 못합니다. 죄의 쾌락에서 구원받으면 그제야 우리에게 하나님께서 기뻐하시는 일을 하거나 우리 앞에 놓인 경주에 참여할 능력이 전혀 없다는 사실을 깨닫습니다. 로마서 7장에서 구원받은 영혼을 속박하는 죄의 모습을 살펴볼 수 있습니다.

나는 내 안에, 곧 내 육신에 선한 것이 없음을 안다. 선을 행하려는 의지는 있으나, 어찌할 방도를 못 찾겠다. 내가 하고 싶은 선은 행치 않고, 도리어 하기 싫은 악을 행한다. 내가 속사람으로는 하나님의 법을 기뻐하지만, 내 지체 속에 다른 법이 있어, 내 마음의 법과 전쟁을 일으켜, 나를 죄의 법의 포로로 삼으려 한다.

(롬 7:18~19, 22~23)

이런 사실을 깨달은 다음 이어지는 탄식은 다음과 같습니다.

아, 난 얼마나 비참한 자인가! 누가 나를 이 사망의 몸에서 건져 줄 것인가? (롬 7:24)

여러분 마음에도 이런 탄식이 있다면, 그건 하나님께서 여러분을 죄의 쾌락에서 구원해주셨다는 증거입니다.

그나저나 한 가지 짚고 넘어갈 것이 있는데, 죄의 쾌락에서 구원은 하나님께서 주신 은혜의 분량에 따라 사람마다 그 시기와 정도가 다르게 나타난다는 것입니다. 하지만 정도의 차이는 있어도 죄를 미워하게 된다는 사실만은 모든 그리스도인의 공통된 특징입니다. 일반적인 그리스도인이라면 고의로 죄를 짓는 경우는 드물며, 대부분 갑자기 닥친 시험을 못 이겨 우발적으로 화를 내거나 거짓말하는 죄를 범하곤 합니다. 하지만 일부 그리스도인 중에는 소름 끼치게도 악한 일을 의도적으로 계획하고 실천하는 자들도 더러 있습니다. 어떻게 그런 자가 구원받은 성도일 수 있느냐고 따지고 싶겠지만, 대표적으로 다윗이 그런 식으로 죄를 범하였습니다. 그가 우리야를 살해한 것은 철저한 계획에 따른 범죄이지 않았습니까? 이런 부류의 그리스도인들은 자기가 진정으로 죄의 쾌락에서 구원받았다는 사실을 확신하기가 두 배로 힘들 것입니다.

죄의 형벌에서 구원

우리가 거듭났다는 사실은 복음을 듣고 회개하며 진실한 믿음을 가지는 것을 보고 확인할 수 있습니다. 그리고 거듭난 이후에 이어지는 것이 바로 〈죄의 형벌에서 구원〉입니다. 주 예수 그리스도를 진심으로 믿는 모든 영혼은 그 즉시 그 자리에서 죄의 형벌로부터 구원받습니다. 여기서 죄의 형벌은 죄를 지은 책임, 죄를 지은 대가, 죄인이 받게 될 처벌 등을 포함하는 말입니다. 바울 사도가 참회하는 간수에게 〈주 예수 그리스도를 믿으라, 그리하면 네가 구원받을 것이다〉라고 말한 것은 하나님께서 그가 지은 모든 죄의 형벌을 면제하신다는 뜻이었습니다. 또, 주님께서 불쌍한 여인에게 〈네 믿음이 너를 구원하였으니, 평안히 가라〉(눅 7:50)고 하신 말씀도 그녀가 지은 모든 죄가 이제 사면되었다는 의미였는데, 사면이란 말은 죄의 형벌과 관련된 용어입니다. 이와 마찬가지로, 〈너희가 믿음을 통해 은혜로 구원받았다〉(엡 2:8)는 말씀에서도 〈주님께서 실제로 다가올 진노에서 우리를 건지신다〉(살전 1:10)는 의미에서 구원받았다는 것입니다.

죄의 형벌에서 구원은 두 가지 측면에서 살펴볼 필요가 있습니다.

첫째, 하나님의 측면에서 본 죄의 형벌에서 구원은 그리스도의 중보 사역을 통해 이루어졌습니다. 그리스도께서는 우리의 후견인으로서 우리를 위해 율법의 요구를 온전히 충족시키시고, 완전한 의를 행하시며, 우리에게 내려질 저주와 정죄를 대신 받으셨으며, 이 모든 일은 십자가에서 절정에 달했습니다. 주님께서 〈우리 허물 때문에 찔리시고, 우리 죄악 때문에 맞으신〉(사 53:5) 장소가 바로 그곳이었습니다. 재판을 받아 〈나무에 달려 직접 그 몸으로 우리 죄를 짊어지신〉(벧전 2:24) 장소가 바로 그곳이었습니다. 우리가 저지른 죄의 대가를 치르시려고 하나님의 징계를 받고 괴로워하신 장소가 바로 그곳이었습니다. 그리스도께서 제 대신 고통당하신 덕분에 저는 자유롭게 되었습니다. 주님께서 죽으신 덕분에 저는 살게 되었습니다. 주님께서 하나님께 버림받으신 덕분에 저는 하나님과 화목하게 되었습니다. 이 놀라운 은혜가 어찌나 큰지, 아마 우리가 영원히 쉬지 않고 찬양해도 부족할 것입니다.

둘째, 인간의 측면에서 본 죄의 형벌에서 구원은 우리의 〈회개와 믿음〉을 통해 드러납니다. 물론 이것이 결코 우리가 용서받기 위한 공로로 인정되는 것은 아니지만, 하나님께서 정하신 구원의 과정에 따르면 회개와 믿음은 우리의 구원을 위해 꼭 필요한 수단입니다. 우리는 회개와 믿음을 통해 우리가 구원받았다는 사실을 실제로 체감할 수 있습니다. 회개는 지금까지 손에 꼭 쥐고 있던 더러운 것을 버리는 일이며, 믿음이란 은혜의 선물을 받기 위해 하나님께 빈손을 내미는 일입니다. 회개는 경건한 마음으로 죄를 슬퍼하는 것이며, 믿음은 죄인을 구원하시는 주님을 영접하는 것입니다. 회개는 죄 때문에 더럽혀지고 오염된 상태를 혐오하는 것이며, 믿음은 그런 오염에서 깨끗하게 되길 소망하는 것입니다. 회개는 죄인이 입을 가리며 〈부정하고, 부정하다!〉라며 울부짖는 것이며, 믿음은 그리스도께 나아간 나병 환자처럼 〈주님, 주께서 원하시면, 저를 깨끗게 하실 수 있나이다〉라고 고백하는 것입니다.

하나님께서 베푸신 은혜는 높여드려야 마땅한 일이지만, 인간의 회개와 믿음은 반대로 자신을 낮추어야 합니다. 진정으로 회개한 자는 하나님 앞에서 자신이 하나님의 심판을 받아 마땅한 죄인임을 솔직히 고백합니다. 믿음은 부패하고 타락한 자신에게서 눈을 돌려 그처럼 마땅히 지옥에 가야 할 자를 위해 베푸신 하나님의 놀라운 섭리를 바라보도록 합니다. 믿음은 물에 빠진 사람이 떠내려가는 통나무에 꼭 매달리는 것처럼, 하나님의 아들이 베푸신 사랑을 붙들도록 합니다. 믿음은 그리스도의 주되심에 복종하며 기쁜 마음으로 주님께 자신을 통치할 권리를 바치도록 합니다. 믿음은 하나님의 약속을 굳게 믿고 의지하도록 합니다. 그리스도의 주되심에 복종한 영혼은 그 즉시 그분의 희생으로 얻은 모든 것을 누리며, 〈동이 서에서 먼 것처럼〉 그의 죄도 하나님 시야에서 사라지고, 장차 임할 하나님의 진노에서 영원히 구원받습니다.

어거스트 토플레디는 죄의 형벌에서 구원을 다음과 같이 절묘하게 표현하였습니다.

> 어디서 왔을까? 이 두려움과 불신은
> 오, 아버지, 저를 위해
> 무고한 독생자를 희생하셨는데,
> 인간을 심판하실 의로운 재판장께서
> 이미 주님이 짊어지신 저의 죄 때문에
> 또다시 저를 정죄할 리가 있겠습니까?
>
> 주님이 저를 사면시키시고,
> 저를 대신해 아무 대가 없이
> 하나님의 모든 진노를 감당하셨으니,
> 이제 죗값을 두 번 치를 필요는 없겠지요?

제 보증인께서 대신 피 흘리셨는데,
또다시 제게 피를 요구하시진 않겠지요?

주님께서 자기 백성의 죗값을
단 한 푼도 남김없이
완전히 속량하셨으니,
주님의 의로움과
흘리신 보혈에 피신한 내게
어찌 진노가 임할 수 있으랴?

내 영혼아, 편히 쉬어라.
너의 위대하신 대제사장의 공로가
평화와 자유를 말하노라.
그의 능력 있는 보혈을 신뢰하여
하나님께 쫓겨날까 두려워 마라.
예수께서 널 위해 죽으셨노라.

죄의 쾌락에서 구원이 우리가 실제로 변화를 체감할 수 있는 구원의 과정이라 한다면, 죄의 형벌로부터 구원은 오직 사법적인 차원에서 의롭다 여겨지는 것이며, 다른 말로 믿는 자의 〈칭의〉라고 합니다. 칭의란 범죄 사건과 연관된 표현으로 법정에서 재판관이 판결을 내릴 때 사용하는 용어입니다. 칭의와 반대되는 말은 〈정죄〉입니다. 정죄란 어떤 이가 범죄를 저질러 기소되고 재판에서 유죄 판결을 받아 법률에 정해진 형량을 부과받는 것입니다. 반면, 칭의란 피고가 법을 위반한 사실이 없다는 판결을 받고 아무 거리낌 없이 법정을 떠나는 것입니다. 성경에서 믿는 자들이 〈모든 일에서 의롭다〉(행 13:19)고 한 말은, 하늘 법정에서 그들에 대한 재판이 치러졌고 모든 일의 재판장이신 하나님께서 그들을 무죄로 석방하셨다는 의미입니다.

> 그러므로 이제 예수 그리스도 안에 있는 자에게는 어떠한 정죄도 없다. (롬 8:1)

그런데 칭의는 단지 정죄를 벗어나는 수준에 머무는 것이 아니라, 우리가 율법이 요구하는 만큼 의롭다고 여겨지는 것입니다. 의롭다는 것은 율법을 완벽하게 지켰다는 뜻인데, 왜냐면 하나님께서 정하신 율법에 조금이라도 못 미친다면 의에 이르지 못하기 때문입니다. 하지만 아담 안에서 타락해버린 하나님의 백성은 그분의 기준에 도달할 능력이 전혀 없습니다. 그래서 하나님은 그분의 독생자를 성육신시켜 우리의 보증인으로 세우시고 우리 대신 율법의 요구를 모두 충족하게 하셨습니다. 믿지 않는 자들은 이렇게 항의할지도 모릅니다.

> 하나님은 어떤 근거로 명백히 죄지은 자를 무죄로 석방하신단 말인가? 하나님은 어떤 근거로 전혀 의롭지 않은 자를 의인이라 칭하시는가?

바로 주 예수 그리스도께서 그 근거가 됩니다. 우리의 모든 죄는 그에게 전가되었고, 그래서 우리가 받아야 할 모든 형벌을 그분께서 대신 받으셨습니다. 반대로 그리스도께서 온전히 순종하심으로 얻은 공로는 전부 우리에게 전가되었고, 그래서 우리는 보증인 되신 예수님을 의지해 하나님 앞에 온전한 모습이 되었습니다. (롬 5:18~19, 고후 5:21) 이제 우리는 율법에 의해 정죄 되지 않고, 오히려 율법을 온전히 지킨 자로서 보상을 받게 된 것입니다.

죄의 지배에서 구원

1_죄의 지배에서 구원이란?

죄의 지배에서 구원은 현재도 진행 중이며 오랜 시간이 소요되는 과정입니다. 이 부분은 구원의 과정에서 가장 난해하기 때문에 어린 신자들이 잘못 이해하는 경우가 많습니다. 주 예수께서 죄인들의 구원자란 사실을 배운 후에 그저 주님을 믿고 복종하고 자기 영혼을 맡기기만 하면 자신의 타락한 본성과 악한 습성이 당연히 제거될 것이라고 오해하는 사람이 많습니다. 하지만 진실로 예수님을 믿은 후에도 우리 속에는 여전히 악한 본성이 남아 있으며 마음은 그 어떤 것보다 거짓되고, 아무리 유혹을 뿌리치려 발버둥 치고 기도하고 하나님께서 주신 은혜의 수단을 열심히 활용하더라도 좋아지기는커녕 오히려 점차 안 좋아지는 모습을 보며 급기야 자신이 정말로 구원받았는지 의심할 지경에 이릅니다. 하지만 그들은 현재 구원받는 과정에 있는 것입니다.

비록 새롭게 거듭나고 의롭다 여겨졌을지라도 우리 속에는 여전히 육신의 타락한 본성이 남아있어 끊임없이 우리를 괴롭힙니다. 그렇다고 혼란스러워할 필요는 없습니다. 바울은 로마에 있는 성도들에게 〈그러므로 죄가 너희 죽을 몸속에서 지배하게 하지 마라〉(롬 6:12)고 당부했는데, 만일 죄가 그들 속에서 완전히 제거됐다면 이런 조언을 할 필요조차 없었을 것입니다. 고린도에 있는 성도들에게는 〈그러므로 이 약속을 지녔으니, 사랑하는 자들아, 육과 영의 모든 더러움에서 우리를 정결케 하고, 하나님을 두려워하는 가운데 거룩함을 온전케 하자〉(고후 7:1)고 하였는데, 우리 속에서 죄가 완전히 사라졌다면 바울이 이렇게까지 당부했을 리가 없습니다. 또, 우리 속에 교만이 도사리고 있지 않다면 〈그러므로 하나님의 전능하신 손 아래 너희를 겸손히 낮춰라. 때가 되면 주께서 너희를 높이시리라〉(벧전 5:6)는 말씀은 있을 필요가 없었을 것입니다. 우리 안에 죄가 남아 있다는 사실을 입증하는 가장 확실한 말씀은 다음과 같습니다.

만일 우리가 죄를 안 가졌다고 하면, 우리는 스스로 속이는 것이며 진리가 우리 안에 없는 것이다. (요일 1:8)

믿는 자 안에는 옛 육신의 본성이 아직 남아있습니다. 비록 구원은 받았지만, 여전히 죄인입니다. 그렇다면 어린 신자들은 무엇을 해야 할까요? 그저 무기력하게 있어야 하나요? 아니면 금욕주의에 빠져서 남은 삶을 비관하며 살아야 할까요? 물론 아닙니다! 어린 신자들이 가장 먼저 해야 할 일은 〈자신에게 아무 힘도 없다〉는 진리를 깨닫고 겸손해지는 것입니다. 이스라엘 민족은 바로 이 부분에서 실패했습니다. 모세가 율법을 전해주었을 때 그들은 〈여호와께서 말씀하신 모든 것을 저희가 행하고 따르겠습니다〉(출 24:7)라며 자신했습니다. 아, 그들은 〈육신에는 선한 것이 전혀 없다〉는 사실을 조금도 깨닫지 못한 것입니다. 베드로 역시 이 부분에서 실패했습니다. 그는 자만하여 〈모든 사람이 주님 때문에 실족하더라도 저는 절대 실족하지 않을 것입니다. 주님과 함께 죽더라도 주님을 부인하지 않을 것입니다〉라고 우쭐댔습니다. 그는 자기 마음 상태가 어떤지 조금도 몰랐던 것입니다. 이런 오만한 태도는 우리 안에도 도사리고 있습니다. 여러분이 〈다음에는 좀 더 나아질 거야〉라는 생각을 지니고 있다면 그것은 여전히 자기 능력을 과신하고 있다는 증거입니다. 〈나 없이는 너희가 아무것도 할 수 없다〉고 하신 구세주의 말씀을 마음 깊이 새기기 전까지 우리는 승리를 향해 한 걸음도 전진할 수 없습니다. 오직 우리 자신에 대해 약해졌을 때, 비로소 강해질 수 있습니다.

믿는 자라도 여전히 그 안에 육신의 본성을 지니고 있으며, 그것의 악한 습성을 제어하거나 죄의 유혹을 뿌리칠만한 능력이 전혀 없습니다. 하지만 그리스도 안에 있는 믿는 자에게는 육신의 본성과 더불어 새롭게 태어날 때 주어진 또 다른 본성이 있습니다.

성령으로 난 것은 영이니라. (요 3:6)

그래서 믿는 자는 두 가지 본성을 함께 지니고 있는데, 하나는 죄의 본성이며 다른 하나는 영적인 본성입니다. 이 두 본성은 완전히 다르기 때문에 서로를 대적합니다. 바울 사도는 이 갈등에 대해 이렇게 언급했습니다.

육신은 성령을 거슬러 욕망하고, 성령은 육신을 거스른다. (갈 5:17)

믿는 자의 삶은 이 두 본성에 의해 좌우됩니다. 이 두 본성은 서로 반대되기 때문에 동시에 드러나는 일은 없으며, 둘 중에 더 강한 것이 삶을 지배합니다. 어린 신자일 경우 당연히 육신의 본성이 더욱 강합니다. 그것은 태어날 때부터 있었고, 거듭남을 통해 영적인 본성이 주어지기 전까지 오랜 세월 동안 그의 삶을 지배해왔기 때문입니다.

당연한 말이지만, 새 본성을 강하게 성장시키는 유일한 방법은 그것에게 적절한 음식을 충분히 제공하는 것입니다. 어떠한 분야에서든 성장하려면 매일 적절한 음식을 섭취하는 것이 중요합니다. 우리의 영적인 본성이 자라나도록 하나님께서 주신 영양분은 바로 그분의 말씀입니다.

> 사람이 떡으로만 사는 것이 아니라, 하나님의 입에서 나오는 모든 말씀으로 살 것이다. (마 4:4)

베드로 사도 역시 이 말씀에 근거해 이렇게 권면했습니다.

> 갓난아기처럼 말씀의 순전한 젖을 간절히 원하라. 그것으로 너희가 자라나느니라. (벧전 2:2)

하늘의 만나를 얼마나 많이 섭취했느냐에 따라 우리 영혼도 그만큼 자라날 것입니다. 물론 성장에 필요한 것은 음식만이 아닙니다. 맑은 공기를 마시는 일도 필요합니다. 영혼의 호흡은 곧 기도를 뜻합니다. 은혜의 보좌로 나아가 주님을 만날 때, 우리 영혼의 허파는 천국의 산소를 가득 들이마시게 됩니다. 운동 또한 성장을 위해 꼭 필요한 요소입니다. 영적인 운동은 주님과 동행하는 것을 뜻합니다. 이러한 영혼의 건강 비결 세 가지를 꾸준히 실천하다 보면, 우리의 새 본성은 금세 무럭무럭 성장할 것입니다.

그런데 건강한 영혼을 위해서는 새 본성을 살찌우는 것도 중요하지만, 옛 육신의 본성을 굶주리게 만드는 일도 필요합니다. 그래서 바울 사도는 〈육신에게 그것의 정욕을 채워주는 먹이를 주지 마라〉(롬 13:14)고 당부했습니다. 옛 육신의 본성을 굶주리게 하고 육신의 정욕을 위한 먹이를 주지 않으려면 우리의 세속적 욕망을 자극하는 어떠한 것도 멀리해야만 합니다. 다시 말해, 우리 영혼의 건강을 해치는 것은 무엇이든 전염병처럼 여기며 가까이하지 말아야 합니다. 죄의 쾌락에서 도망치고, 술집, 극장, 춤, 카드놀이와 같은 오락 거리를 멀리하는 것뿐 아니라, 세상 친구들과도 거리를 두고 세속적인 소설을 읽는 것도 그만두며, 하나님의 축복을 구할 수 없는 일이라면 무엇이든 멀리해야만 합니다. 우리는 오직 위에 있는 것을 생각하며 땅에 있는 것에 관심을 두어서는 안 됩니다. (골 3:2) 이 기준이 너무 높아서 실천할 수 없을 것 같습니까? 우리는 모든 일에 있어

거룩해지는 것을 목표로 삼아야 합니다. 그렇게 하지 않기 때문에 오늘날 수많은 그리스도인이 영적으로 허약하고 메마른 것입니다. 어린 신자들은 영적인 삶에 도움이 되지 않는 일들은 오히려 그것을 방해하는 일이란 사실을 깨달아야 합니다.

그렇다면 미성숙한 그리스도인이 자기 속에 있는 죄에서 벗어나려면 무엇을 해야 할까요? 우리는 여전히 이 세상에 살고 있지만, 세상에 속한 자는 아닙니다.(요 17:14) 이 세상에 살면서 우리는 어쩔 수 없이 경건치 못한 사람들과 교류할 수밖에 없지만, 이는 〈우리 빛을 사람 앞에 비추어 그들이 우리 선한 행실을 보고 하늘에 계신 아버지께 영광을 돌리게 하라〉(마 5:16)고 하나님께서 정하신 일입니다. 물론 일상생활을 하면서 죄인들과 교류하는 것은 그들과 친밀히 교제하며 친구로 지내는 것과는 전혀 다릅니다. 우리는 말씀을 배불리 먹을 때만이 〈주 예수 그리스도를 아는 지식과 은혜 안에서 자라날 수 있습니다.〉(벧후 3:18) 또, 우리의 옛 본성을 굶주리게 할 때만이 죄의 지배와 오염에서 벗어날 수 있습니다. 그러니 다음과 같은 권면의 말씀을 항상 마음에 간직하길 바랍니다.

> 너희는 거짓된 정욕을 따라 부패한 옛사람의 이전 행실을 벗어버리고, 너희 마음의 영을 새롭게 하여, 하나님을 따라 의와 진실한 거룩함으로 지어진 새 사람을 입어라. (엡 4:22~24)

지금까지 죄의 지배에서 벗어나는 일에 관해 인간의 측면에서 살펴보았습니다. 이젠 하나님의 측면에서 살펴볼 차례입니다. 사실 하나님의 은혜가 아니면 우리는 하나님께서 마련해주신 수단을 제대로 활용할 수조차 없습니다. 마치 우리 안에 거하시는 성령님의 능력이 아니고선 우리가 〈모든 무거운 짐과 우리를 쉽게 에워싸는 죄를 버리지 못하는 것〉처럼 말입니다. 인간의 측면과 하나님의 측면은 성경의 여러 구절에서 함께 설명되곤 합니다. 예를 들면, 바울 사도는 〈두렵고 떨림으로 우리 자신의 구원을 힘써 이뤄라〉(인간의 측면)고 권면하는 동시에 바로 〈이는 너희 안에서 그분의 기쁘신 뜻대로 바라고 행하게 하시는 분은 하나님이시기 때문이다〉(하나님 측면)라고 덧붙입니다. (빌 2:12~13) 그러므로 우리는 하나님께서 이미 우리 안에 이뤄놓은 일을 행동에 옮길 뿐입니다. 다시 말해, 우리가 성령을 좇아 행하기만 하면 우리는 육신의 정욕을 따르지 않게 될 것입니다. (갈 5:16)

죄의 지배에서 구원은 믿는 자의 삶 전반에 걸쳐 진행되는 과정입니다. 솔로몬은 이를 두고 〈의인의 길은 동틀 때 비치는 빛처럼 점점 더 밝아져 완전한 낮에 이르게 된다〉고 표현했습니다. (잠 4:18) 죄의 쾌락에서 구원이 〈중생〉의 결과이며, 죄의 형벌에서 구원이 〈칭의〉 때문인 것처럼, 죄의 지배에서 구원은 〈성화〉의 과정을 통해 이루어집니다. 성화란 단어는 〈분리된다〉는 의미를 내포하고 있는데, 정확히 말하면 죄에서 분리된다는 뜻입니다. 거룩함과 성화는 같은 헬라어 단어를 다르게 번역한 것이며 그 의미는 같습니다. 성화의 실제 의미가 죄에서 분리되는 것을 말하므로 우리는 〈육과 영의 모든 더러운 것에서 자신을 깨끗게 하고, 하나님을 두려워하는 가운데 거룩함을 완전히 이루어야 합니다.〉(고후 7:1) 성화가 점진적으로 진행되는 과정이란 사실은 다음 구절을 통해 명백히 알 수 있습니다.

> **너희는 거룩함을 추구하라. 이것이 없이는 아무도 주님을 볼 수 없으리라.** (히 12:14)

거룩함을 추구하라는 말은 우리가 아직 하나님의 완전한 기준에 미치지 못했다는 뜻입니다. 〈거룩함을 완전히 이루어라〉는 표현도 성화가 점진적인 과정이란 사실을 뒷받침합니다.

2_하나님 측면에서 본 죄의 지배에서 구원

이제 죄의 지배와 오염에서 구원받는 것에 대해 하나님 측면에서 살펴보겠습니다. 죄인이 진심으로 그리스도를 자신의 구주로 영접했을 때, 하나님께서는 그 즉시 천국으로 데려가시지 않고 오히려 이 세상에 남겨두십니다. 그런데 믿는 자에게 이 세상은 굉장히 위험천만한 곳입니다. 이 세상은 악한 자의 지배 아래 있으며(요일 5:19), 세상에 속한 모든 것이 하나님 아버지를 대적하기 때문입니다.(요일 2:16) 그러므로 우리에겐 이 적대적인 세상 체계로부터 구원이 필요하며, 그 때문에 그리스도께서 〈하나님 우리 아버지 뜻에 따라, 지금의 이 악한 세상에서 우리를 건지시려고, 우리 죄를 위해 자기 몸을 드리신 것입니다.〉(갈 1:4) 죄인이 구원에 이르는 믿음을 가졌다고 해서 곧바로 천국에 가지도 않고 그의 악한 본성이 사라지는 것도 아닙니다. 그렇다고 해도 하나님은 우리를 죄의 지배 가운데 완전히 내버려두지 않고, 그 지배 세력으로부터 우리를 건져주십니다. 이를 위해 하나님은 다음과 같은 여러 방법을 사용하십니다.

1) 내면의 타락함을 깨달음

하나님은 우리에게 내면의 타락함을 확실히 볼 수 있는 눈을 주셔서 우리 자신이 혐오스럽게 여겨지도록 하는 것으로 우리를 죄의 지배에서 벗어나게 하십니다. 본래 우리는 태어날 때부터 자신을 너무도 사랑하지만, 하나님의 은혜가 우리 영혼에 임할수록 자기 모습이 혐오스럽게 느껴집니다. 이런 일은 굉장히 괴로운 경험이어서 오늘날 설교자들은 이것을 제대로 가르치지 않습니다. 그러다 보니 어린 신자들은 진정한 신자라면 평안과 기쁨이 가득한 삶을 살아야 한다고 잘못 배웁니다. 그런데 자신의 실제 삶은 전혀 그렇지 않고 오히려 마음은 전보다 더욱 괴롭고 고통스럽기만 합니다. 그들은 설교자들이 자신보다 구원에 대해 훨씬 잘 알고 있을 것이라 굳게 믿고 있어서 급기야 자신이 정말로 구원받았는지 의심하게 되며, 마귀는 그 틈을 놓치지 않고 〈넌 전혀 구원받은 적이 없고 그저 위선자일 뿐이야〉라고 속삭입니다.

이 괴로운 경험이 어떤지는 실제로 겪어본 사람만이 이해할 수 있습니다. 그것을 직접 경험한 사람과 다른 사람의 체험담을 들은 사람은 굉장한 차이를 보입니다. 마치 어떤 나라를 직접 여행한 사람과 지도에서 살펴본 사람이 차이 나는 것처럼 말입니다. 그런데 이미 죄의 쾌락과 형벌에서 구원받은 사람이 어째서 이제는 죄의 오염뿐 아니라 죄의 지배하는 권세를 점점 더 실감하게 되는 걸까요? 하나님과 가까워질수록 자신의 죄로 물든 상태를 더욱 잘 알게 되는 것은 어째서일까요? 그것은 하나님의 빛이 더 많이 비춘 덕분에 그전에 인식하지 못한 자신의 더러움을 확연히 보게 되었기 때문입니다. 오랫동안 방치된 방에 햇빛이 환히 비치면 방 안의 먼지와 거미줄이 더욱 잘 보이는데, 햇볕이 그것을 만들어낸 것이 아니라 이미 있었던 것을 드러나게 한 것처럼 말입니다.

그리스도인이 겪는 현상도 이와 마찬가지입니다. 성경의 빛이 그의 내면을 환히 비출수록 그는 마음속의 끔찍한 질병을 더 확실히 발견하며,(왕상 8:38) 자신이 얼마나 절망적인 상황에 놓여 있는지 더욱 잘 깨닫게 됩니다. 실제로, 자기를 사랑하는 것에서 벗어날수록 죄의 지배에서 더욱 벗어날 수 있습니다. 죄의 무시무시한 지배력은 어디서 나올까요? 죄는 어떻게 그렇게 우리를 속일 수 있을까요? 그 힘은 바로 우리 자신에게서 나옵니다. 죄는 아담과 하와도 그렇게 속였습니다. 죄는 도금된 쇠붙이를 진짜 금이라고 착각하게 합니다. 죄의 지배에서 구원받은 자는 눈이 밝아져 하나님의 빛을 통해 우리 주변과 우리 자신의 진짜 모습을 볼 수 있게 됩니다. 사탄은 믿지 않는 자들의 마음을 눈멀게 하지만, 성령님은 우리 마음에 〈예수 그리스도의 얼굴에서 비치는 하나님의 영광의 지식의 빛〉을 비추어 주십니다. (고후 4:4,6)

죄는 속이는 것에서 그치지 않고 죄에 오염된 자들을 교만하게 합니다. 디모데전서 3장 6절이 말하는 것처럼 〈교만함으로 높아지는 것〉은 〈마귀가 받은 정죄함에 이르는 것〉입니다. 교만은 죄인을 다음과 같이 우쭐대게 합니다.

> 네 마음속으로 말하기를 〈내가 하늘로 올라가서 내 보좌를 하나님의 뭇별 위에 높이며 내가 북쪽 끝, 신들이 모이는 산 위에 앉

을 것이고, 내가 높은 구름에 올라 지극히 높으신 자와 같아지겠다〉고 한다. (사 14:13-14)

그러니 마귀가 역사하는 사람 안에도 교만과 자만이 가득할 수밖에 없습니다. 죄는 항상 〈자기애〉와 〈자기의〉를 조장합니다. 가장 형편없는 죄인이라도 이렇게 말할 것입니다.

나도 내가 연약하다는 것을 알지만, 그래도 마음만은 선해.

하지만 하나님께서 우리를 붙드시면 상황은 정 반대가 됩니다. 성령님께서 역사하시면 우리의 교만은 무릎을 꿇습니다. 자신의 진짜 모습을 깨닫고 죄의 끔찍함을 더욱 알게 하셔서 교만을 굴복시키십니다. 그래서 결국 욥처럼 〈보라! 나는 비참한 자로다〉(욥 40:4)라고 울부짖게 하십니다. 이런 자들은 죄의 지배, 곧 죄의 속이고 교만하게 하는 것에서 구원받는 중입니다.

2) 따끔한 징계

따끔한 징계는 하나님께서 우리를 죄의 지배에서 구원하실 때 사용하시는 또 다른 방법입니다.

> 우리 육체의 아버지가 우리를 징계하여도 공경하였거든 하물며 모든 영의 아버지께 더욱 복종하여 살려 하지 않겠느냐. 저희는 잠시 자기의 뜻대로 우리를 징계하였거니와 오직 하나님은 우리의 유익을 위하여 그의 거룩하심에 참여하게 하시는 것이다. (히 12:9~10)

징계는 여러 형태로 나타납니다. 때로는 외부에서 때로는 내부에서 징계가 일어납니다. 그 형태가 어찌 되었던 징계는 우리의 혈과 육에 고통을 줍니다. 때로는 징계가 너무 오래 지속되어 마치 하나님께서 자기를 버린 것처럼 느껴져 이렇게 묻곤 합니다.

> 여호와여, 어찌하여 멀리 계십니까? 어찌하여 환난 때에 숨으시나이까? (시 10:1)

고통을 덜어보려고 열심히 기도해보아도 아무 소용이 없는 것 같습니다. 하나님의 회초리를 겸허하게 받아드리려고 은혜를 구해보지만, 불신과 조급함과 반항심은 계속 커져서 하나님의 사랑을 의심하게 됩니다. 그러나 주님은 이렇게 말씀합니다.

> 무릇 징계가 당시에는 즐거워 보이지 않고 슬퍼 보이나, 후에 그렇게 연단된 자는 의로운 평강의 열매를 맺는다. (히 12:11)

인생은 마치 학교와도 같으며, 징계는 하나님께서 우리를 훈육하시는 주된 방법입니다. 때로는 우리 잘못을 고쳐주시려고 징계하시기도 합니다. 그렇기에 우리는 이렇게 기도해야 합니다.

> 내게 가르쳐서 나의 허물된 것을 깨닫게 하소서. (욥 6:24)

하나님의 징계는 복수하는 심판자의 손에 들린 검이 아니라, 사랑하는 우리 아버지 손에 들린 회초리란 사실을 늘 명심해야 합니다. 때로는 죄 짓는 것을 예방하기 위해 징계를 내리시기도 합니다. 마치 바울에게 〈받은 계시가 너무 많아서 교만해지지 않도록〉 육체의 가시를 주신 것처럼 말입니다. 또, 우리 영혼의 교육을 위해 징계를 내리시기도 합니다. 우리는 징계를 받음으로 하나님을 더욱 깊게 알게 됩니다.

> 고난당한 것이 내게 유익입니다. 그것 때문에 내가 주의 율례를 배우게 되었나이다. (시 119:71)

그밖에도 징계는 우리를 시험하고 단련시키기 위해 내려지기도 합니다.

> 우리가 환난 중에도 즐거워하나니 이는 환난은 인내를, 인내는 연단을, 연단은 소망을 이루는 줄 앎이로다. (롬 5:3~4)

> 너희가 여러 가지 시험을 만나거든 온전히 기쁘게 여겨라. 이는 너희 믿음의 시련이 인내를 만들어 내는 줄 너희가 앎이라. (약 1:2~3)

징계는 죄를 소독하는 하나님의 처방입니다. 징계를 통해 하나님은 우리 육신의 야망을 시들게 하시며, 세속적인 목표에서 마음이 떨어지게 하시고, 우상에게서 우리를 건지시며, 세상의 일을 단념하게 하십니다. 하나님은 〈믿지 않는 자와 멍에를 같이하지 말고, 너희는 저희 중에서 나와서 따로 있어라〉(고후 6:14,17)고 명하시며 우리가 순종하기를 주저하면 하나님께서는 우리를 세상과 떨어뜨려 놓으려고 조치를 취하십니다. 하나님은 또한 〈세상을 사랑하지 마라〉고 명하시는데, 우리가 불순종하면 하나님께서 세상 친구들로 하여금 우리를 미워하고 박해하게 할지도 모릅니다. 또, 〈그러므로 너희는 땅에 있는 너희 지체를 죽이라〉(골 3:5)고 명하십니다. 우리가 이 유쾌하지 않은 일을 회피하려고 하면 하나님께서 직접 가지치기를 할지도 모릅니다. 하나님은 〈너희는 인생을 의지하지 말라〉(사 2:2)고 명하셨는데, 우리가 사람을 의지한다면 반드시 그 사람 때문에 힘든 일을 겪을 것입니다.

주의 징계하심을 가볍게 여기지 말며 그에게 꾸지람을 받을 때 낙심하지 마라. (히 12:5)

이 경고는 우리에게 큰 유익을 줍니다. 하나님의 징계를 무시하지 말고 오히려 감사히 여겨야 합니다. 어려움에 부닥쳤을 때 하나님께서는 우리와 함께하시며 돌보아 주십니다. 하나님의 치료약은 당장은 쓰더라도 결국은 우리를 강건하게 해줍니다.

저희가 고난을 받을 때, 나를 간절히 구하리라. (호 5:15)

모든 일이 순조롭게 풀리면 우리는 쉽사리 자만에 빠지기 쉽습니다. 하지만 어려움이 닥치면 우리는 즉시 하나님께 매달리게 됩니다. 그러니 시편 기자처럼 〈주님께서 저를 괴롭게 하실 때는 신실함 가운데 하십니다〉(시 119:75)라고 고백하십시오. 우리를 성화시키는 과정에서 하나님의 징계는 교만을 억제하고 우리를 세상에서 멀어지게 할 뿐 아니라 우리 마음이 하나님의 약속을 더욱 귀하게 여기도록 합니다. 그래서 다음과 같은 말씀이 예전과는 전혀 다르게 마음에 와 닿게 됩니다.

네가 물 가운데로 지날 때 내가 함께할 것이라. 네가 불 가운데로 행할 때 타지도 아니할 것이요. (사 43:2)

또, 하나님의 징계는 이기적인 마음을 없애주고, 고난에 처한 이웃을 더욱 잘 공감할 수 있게 해줍니다.

> 우리의 모든 환난 중에서 우리를 위로하사, 환난 중에 있는 모든 자들을 능히 위로하게 하시는 분이다. (고후 1:4)

3) 씁쓸하고 허무함
하나님은 우리에게 씁쓸하고 허무한 감정을 주심으로 다음과 같이 경고하십니다.

> 모든 것이 다 헛되어 바람을 잡으려는 것이며 해 아래서 무익한 것이로다. (전 2:11)

놀랍게도 이 고백은 세상 모든 육신의 쾌락을 맛보았던 솔로몬 왕의 입에서 나온 것입니다. 하지만 우리는 이런 사실을 믿지 않기에 마음으로 받아들이지 않습니다. 오히려 해 아래 피조물로 진정한 만족을 얻을 수 있다고 스스로 설득합니다. 하지만 그것은 마치 네모난 물체로 동그라미를 채우려는 것과 같습니다. 우리 마음은 본래부터 하나님을 위해 만들어진 것이기 때문에 오직 하나님만이 그것을 채우실 수 있습니다. 그런데 우리는 그 자리를 다른 것으로 채우려는 우상숭배자의 본성을 지녔습니다. 하지만 우리가 우상으로 삼은 것들은 결코 우리 마음을 채워줄 수 없으며, 머지않아 우리의 환상은 산산조각이 나버리고 마음속에 간직했던 우상의 실체는 황금이 아니라 진흙 덩어리 불과하다는 것을 깨닫게 됩니다.

하나님께서는 우리가 이 땅에 만들어 놓은 둥지를 망가지도록 섭리하십니다. 역경의 바람이 우리를 세속적인 안락과 사치로 물든 포근한 침대에서 몰아냅니다. 여러 모양으로 견디기 힘든 상실감을 맛봅니다. 믿었던 친구들은 우리가 곤경에 처했을 때 배신하고 모른 척합니다. 오랫동안 우리의 안식처가 되고 평안과 행복을 주었던 가족 공동체는 죽음의 무시무시한 손에 파괴됩니다. 건강은 손상되고 지치고 피곤한 밤민 남습니다. 이런 고된 경험과 쓸쓸하고 허무한 감정은 은혜로운 하나님께서 우리를 죄의 쾌락과 오염에서 구원하시려고 사용하시는 또 다른 수단입니다. 그것을 통해 하나님은 우리에게 피조물의 헛됨과 한계를 알게 해주시고 세상에서 완전히 멀어지게 하십니다. 또, 그동안 우리가 위안을 얻으려고 했던 대상이 실제로는 〈구멍 난 항아리〉란 사실을 가르쳐주십니다. 그래서 우리가 생명의 물이 흘러나오는 샘이며 진정한 영혼의 만족을 주는 유일한 분인 그리스도께 돌아오도록 하십니다.

이렇게 우리는 인생을 통해 현재에서 눈을 떼고 미래를 바라보는 법을 배웁니다. 이는 우리의 안식은 이곳에 있지 않기 때문입니다.

> 이는 우리가 소망으로 구원받았는데, 눈에 보이는 소망은 소망이 아니다. 사람이 눈으로 볼 수 있는 것을 굳이 소망할 이유가 있겠느냐? (롬 8:24)

눈여겨보아야 할 것은 이 구절이 〈우리 자신도 속으로 탄식한다〉(롬 8:23)는 구절에 바로 이어서 나왔다는 점입니다. 즉, 여기서 언급된 〈소망으로 받는 구원〉은 죄의 지배에서 현재 구원받는 것을 가리킵니다. 완성된 구원은 이제 그리스도인에게만 주어진 특권이며 기대입니다. 이 구절에서 우리가 〈소망으로 구원받을 것이다〉가 아니라, 〈소망으로 구원받았다〉고 하는데 여기서 소망은 하나님의 약속이 성취되길 기대하는 것을 말합니다. 소망은 아직 〈눈에 보이지 않는〉 미래의 좋은 것과 관련된 말입니다. 이미 누리고 있는 것을 〈소망〉하는 일은 없습니다. 소망은 믿음과는 다른 것입니다. 믿음은 생각 속에 존재하며, 어떤 사실에 대해 동의하는 것입니다. 반면에 소망은 감정에 자리 잡고 있으며 약속된 것을 끊임없이 갈망하는 것입니다.

여러분, 인생의 씁쓸함과 허무함은 소망의 빛을 더욱 돋보이게 해주는 검은 배경에 불과합니다. 주님은 믿는 자를 그 즉시 천국으로 데려가시지 않습니다. 그 대신 이 땅에 잠시 머물게 하여 시험과 연단을 받도록 하십니다. 믿는 자는 완전한 축복이 임하는 그 날을 기다리며 이 땅에서 세상과 많은 갈등을 겪고 시험과 환난을 만납니다. 그는 아직 미래에 받을 유산을 받지 못했기 때문에 소망이 필요합니다. 오직 소망을 통해서만 미래의 것을 추구할 수 있기 때문입니다. 우리 소망이 더 강렬할수록 더욱 신실하게 미래의 것을 추구할 것입니다. 미래의 좋은 것에 우리 마음을 고정하려면 현재의 것에서 벗어나야만 합니다.

4) 성령님의 도우심

죄의 지배에서 구원은 또한 우리 안에 계신 성령님의 도우심으로 성취됩니다. 하나님께서는 우리에게 그리스도와 더불어 성령도 함께 선물로 주셨으며, 우리는 그리스도를 의지하는 만큼 성령님도 함께 의지해야만 합니다. 성령님께서 날마다 새롭게 하시지 않는다면 우리의 새 본성은 전혀 힘을 쓸 수 없습니다. 성령님의 은혜로운 도우심 덕분에 우리는 죄의 실체를 깨닫고 죄를 대적하며 죄 때문에 몸부림칠 수 있는 것입니다. 성령님 덕분에 우리 영혼은 믿음과 소망과 기도로 충만할 수 있습니다. 성령님 덕분에 우리는 하나님께서 우리 영혼의 보호와 성장을 위해 허락하신 은혜의 수단(말씀, 기도, 성례)을 이용할 수 있습니다. 성령님 덕분에 죄는 우리를 완전히 지배하지 못하는데, 우리 마음과 삶 속에 죄와 더불어 의와 거룩함의 열매도 함께 있기 때문입니다.

죄의 지배에서 구원은 현세에서 신자의 악한 본성을 완전히 제거하는 것이 아닙니다. 악한 본성을 개선하려고 해도 〈육으로 난 것은 육이니〉(요 3:6)라는 말씀처럼 악한 본성은 세상 끝날까지 변하지 않고 그대로 남아있습니다. 성령님을 의지해 우리 안의 악한 본성이 활개 치는 것을 억제하려고 해도 〈정욕은 끊임없이 영을 거슬러 대적합니다.〉 심지어 악한 본성은 육신이 잠든 사이에도 쉬지 않고 활동하는데 우리가 꾸는 꿈의 내용이 바로 그 증거입니다. 악한 본성은 다양한 형태로 꾸준히 악한 일을 저지릅니다. 다른 사람의 시선을 의식해 겉으로 드러나는 악행은 자제할지 몰라도, 마음속으로 탐욕, 불만, 교만, 불신, 아집과 같은 오만가지 죄악을 범하며 하나님께서는 그 모든 것을 지켜보고 계십니다. 결국, 현재의 삶에서는 죄짓는 것에서 완전히 벗어날 수 없습니다.

죄의 지배에서 구원을 받을 때 일어나는 현상이 세 가지 있습니다. 첫째, 죄에 대한 사랑에서 벗어나게 됩니다. 이는 우리가 거듭날 때 처음 시작되어 성화의 과정을 통해 계속 이어집니다. 둘째, 우리를 눈멀게 만드는 죄의 미혹에서 벗어나게 됩니다. 그래서 죄가 예전처럼 우리를 속이지 못합니다. 셋째, 죄를 변명하는 것을 그만두고 〈내가 행하는 그것을 허용하지 않게〉(롬 7:15) 됩니다. 이 세 번째 현상이 회심했다는 가장 확실한 증거입니다. 말씀에 온전히 의지해 믿는 자라면 죄를 지으려고 할 때 그것을 허용하지 않습니다. 진정한 그리스도인은 마음속에서 죄를 완전히 제거하고 싶어 하기 때문입니다. 그는 죄를 짓는 순간조차도 그것을 완전히 허용하지는 않습니다. 죄를 지으면서도 새로운 본성은 죄짓는 것을 반대합니다. 또한, 죄를 짓고 나서도 그것을 허용하지는 않습니다. 시편 51편의 다윗의 고백이 그것을 확실히 입증합니다.

로마서 7장 15절의 〈허용하다〉라는 단어가 주는 위압감은 〈진실로 너희가 너희 조상의 행위를 허용한다는 증거를 품고 있으니, 이는 그들이 그 선지자들을 죽였고 너희는 그들의 묘를 세웠음이라〉(눅 11:48)라는 구절에 잘 드러납니다. 유대인들은 자기 조상들을 부끄러워하거나 그들의 악행을 혐오하지 않았습니다. 오히려 그들은 조상들의 명예를 위해 기념비를 세웠습니다. 그러므로 〈허용하다〉의 반대는 부끄러워하고 뉘우치는 것입니다. 그럴 때 그 죄는 용서받고 자유롭게 됩니다. 그래서 믿는 자가 자신이 저지른 악을 〈허용치 않는다〉는 말은 아담과 하와처럼 자기를 정당화하거나 남에게 책임을 떠넘기려고 하지 않는다는 뜻입니다. 그리스도인이 죄를 허용하는지 아닌지는 그가 그 죄를 부끄럽게 여기고, 그것 때문에 슬퍼하고, 그것 때문에 자신을 역겹게 여기고, 그것을 버리려고 결심하는 모습을 보면 알 수 있습니다.

죄의 실존에서 구원

이제 우리가 미래에 받을 구원에 대해 알아볼 차례입니다. 우리 죄는 아직 하나님 앞에 아무 흠이나 점 없이 나아갈 만큼 완전히 뿌리 뽑히진 않았습니다. 믿는 자는 이미 의롭다 칭함을 받은 덕분에 율법적인 측면에선 현재도 하나님 앞에 흠 없는 상태지만, 그의 실제 삶 속에는 아직도 죄가 남아있습니다. 우리 모습은 비록 그리스도 안에서는 주님의 의로움 덕분에 하나님 보시기에 완전하지만, 실제의 모습은 죄로 황폐해진 상태입니다. 하나님께서 때때로 징계하시는 것이 우리가 여전히 죄

가운데 머물러 있다는 증거입니다. 하지만 이 상태가 영원히 지속하는 것은 아닙니다. 주의 이름을 송축할지어다! 주님은 제일 좋은 포도주를 마지막을 위해 남겨두시고 계십니다. 물론 지금도 우리는 주님의 은혜를 일부 맛보고 있지만, 주님께서 베푸시는 은혜의 충만함은 우리가 이 세상을 떠난 후에야 비로소 온전히 누릴 수 있습니다.

미래에 받을 구원에 대해 성경에 언급된 내용은 모두 죄의 실존에서 최종적으로 해방되는 것을 말합니다.

> 이제 우리 구원이 처음 믿었을 때보다 더 가까이 있다. (롬 13:11)

이 구절에서 바울은 〈죄의 쾌락〉이나 〈죄의 형벌〉, 또는 〈죄의 지배〉에서 구원을 말한 것이 아니라, 〈죄의 실존〉에서 구원되는 것을 말하였습니다.

> 우리 시민권은 하늘에 있으며, 우리는 또한 그곳에서 오실 구원자, 곧 주 예수 그리스도를 기다린다. (빌 3:20)

그렇습니다. 우리가 기다리는 분은 바로 〈구원자〉이십니다. 은혜로 택함 받은 자들이 온전한 구원에 이르는 때는 바로 주님께서 다시 오실 그날입니다.

> 주님을 고대하는 자들에게 죄 없는 구원으로 두 번째 나타나실 것이다. (히 9:28)

베드로 사도 또한 믿는 자들이 받을 최고의 구원, 곧 죄의 존재 자체가 영원히 제거되는 때를 언급하였습니다.

> 너희는 마지막 때 나타나려고 준비된 구원에 이르기까지 믿음을 통해 하나님의 능력으로 지켜진다. (벧전 1:5)

첫째, 〈죄의 쾌락에서 구원〉은 〈그리스도께서 우리 안에 거하심〉(갈 2:20)으로 성취되었습니다. 둘째, 〈죄의 형벌에서 구원〉은 우리 죄의 대가를 그리스도께서 대신 십자가에서 치르심으로 성취되었습니다. 셋째, 〈죄의 지배에서 구원〉은 그리스도께서 우리에게 보내주신 성령님의 은혜로운 사역으로 성취되고 있습니다. 그래서 성령님을 〈그리스도의 영〉이라 부르기도 합니다. (롬 8:9, 갈 4:6, 계 3:1) 넷째, 〈죄의 실존에서 구원〉은 그리스도의 재림 때 성취될 것입니다.

> 우리 시민권은 하늘에 있으며, 우리는 또한 그곳에서 오실 구원자, 곧 주 예수 그리스도를 기다리노니, 그분께서 모든 것을 그에게 복종시키는 권세를 통해 우리의 천한 몸을 그분의 영광스런 몸처럼 바꿔주실 것이다. (빌 3: 20~21)

> 우리가 알듯이, 주께서 나타나실 때 우리가 그분처럼 될 것인데, 이는 우리가 주님을 그 모습 그대로 뵐 것이기 때문이다. (요일 3:2)

결국 구원은 시작부터 끝까지 전부 그리스도에 의해 성취되는 것입니다.

인간은 본래 창조주의 완전한 성품을 따라 하나님의 모습과 형상으로 창조되었습니다. 하지만 죄가 들어왔고 인간은 최초의 영광에서 타락해 그가 지녔던 하나님의 모습과 형상은 훼손되고 말았습니다. 그러나 구원받은 자는 다시 그 모습을 회복할 것이며, 오히려 그들은 마지막 아담이신 예수님의 형상을 닮아 처음 아담보다 더욱 고귀하고 영광스러울 것입니다.

> 이는 하나님께서 그들을 미리 아셨고, 또한 그들이 하나님 독생자의 형상을 본받도록 예정하셔서, 그가 많은 형제 중 맏아들이 되도록 하셨다. (롬 8:29)

우리를 예정하신 하나님의 거룩한 목적은 주님이 다시 오실 그날에 비로소 온전히 실현될 것입니다. 그날에 주님의 백성은 죄의 속박과 부패에서 완전한 해방을 누릴 것이며, 주님은 〈티나 주름진 것 없이 거룩하고 흠 없는 영광스런 교회〉를 맞이하실 것입니다. (엡 5:27)

〈죄의 쾌락에서 구원〉은 우리가 거듭날 때, 즉 〈중생〉을 통해 이루어집니다. 〈죄의 형벌에서 구원〉은 우리가 믿음으로 의롭다 여김 받을 때, 즉 〈칭의〉를 통해 이루어집니다. 〈죄의 지배에서 구원〉은 우리가 삶 속에서 거룩해지는 과정, 즉 〈성화〉를 통해 이루어집니다. 〈죄의 실존에서 구원〉은 〈의롭다 하신 그들을 또한 영화롭게 하실 때〉(롬 8:30), 즉 〈영화〉를 통해 이루어집니다. 이 구원의 네 번째 측면에 관한 기록은 성경에 그리 많지는 않은데, 왜냐면 하나님의 말씀은 호기심을 충족시키려고 주어진 게 아니기 때문입니다. 그 대신 성경에는 우리 믿음을 자라게 하고, 소망을 굳건히 하고, 사랑이 넘치게 하는 말씀이 가득합니다. 또, 우리가 〈앞에 놓인 경주를 인내하며 달려가기〉 위해 필요한 말씀은 충분히 있습니다. 현재 우리 상태로는 그 날에 누릴 천상의 기쁨을 완전히 이해하는 것은 불가능합니다. 하지만 이스라엘 첩자들이 가나안의 풍족함을 보여주는 예로 〈에스골 포도송이〉를 가져온 것처럼, 우리에게도 지극히 높은 곳의 유업을 미리 맛보여주는 훌륭한 예가 있습니다.

> 우리 모두, 하나님의 아들에 대한 지식과 믿음이 일치되는 가운데, 그리스도의 충만한 수준에 이르는 완전한 자가 될 때까지(엡 4:13)

영광을 얻으신 그리스도의 모습이야말로 우리가 영화롭게 될 모습을 보여주는 훌륭한 예입니다. 변화산에서 주님이 아끼셨던 제자들에게 미리 보여주신 그분의 영광을 생각해보십시오. 그분의 영광이 어찌나 빛났던지, 다소 사람 사울은 주님을 아주 잠깐 뵈었는데 눈이 멀어버렸고, 사도 요한은 밧모섬에서 주님을 보았을 때 〈죽은 것처럼 그 발 앞에 엎드러졌습니다.〉(계 1:17) 우리를 향한 하나님의 사랑을 생각하면 영화롭게 되는 때 받을 축복을 가늠해볼 수 있습니다. 그리스도께서 받으신 영광은 그분에 대한 하나님의 사랑이 얼마나 큰지를 보여줍니다. 그리고 주님은 〈아버지께서 저를 사랑하신 것처럼 그들도 사랑하셨나이다〉(요 17:23)라는 말씀으로 우리를 향한 하나님의 사랑도 크다는 것을 확신시켜 주셨으며, 〈내가 있는 그곳에 너희도 있게 할 것이다〉(요 14:3)라는 약속도 해주셨습니다.

믿는 자는 죽음을 맞이하는 시점에 이미 죄 문제에서 영원히 해방되지만, 아직 〈영화롭게〉 되는 것은 아닙니다. 왜냐하면 그의 몸은 죄의 결과로 썩어질 것이기 때문입니다. 하지만 믿는 자의 육신은 다음 구절처럼 영화롭게 되는 그 날에 부활할 것입니다.

썩을 것으로 심어져 썩지 않을 것으로 되살아나며, 욕된 것으로 심어져 영광스런 것으로 되살아나며, 연약한 것으로 심어져 능력 있는 것으로 되살아나며, 자연의 몸으로 심어져 신령한 몸으로 되살아난다. (고전 15:42~44)

죽음 자체가 영화롭게 되는 것을 의미하지는 않지만, 죽음을 맞이할 때 우리 영혼이 죄의 실존에서 완전히 자유롭게 된다는 것은 사실입니다. 다음 말씀을 통해 이 점을 분명히 알 수 있습니다.

〈이제로부터 주 안에서 죽는 자는 복 되도다〉라고 하니, 성령께서 이르시되, 〈그렇다. 그들이 자기 수고를 그치고 쉴 것이며, 저희가 행한 일이 그들을 뒤따를 것이다〉라고 하셨다. (계 14:13)

〈자기 수고를 그치고 쉴 것이다〉라는 말씀은 무슨 뜻일까요? 이마에 땀을 흘리며 일용할 양식을 얻는 노동을 그만하고 쉬어도 된다는 의미일까요? 분명 그것보다는 더욱 복된 일임이 틀림없습니다. 왜냐면 그런 쉼은 구원받지 못한 자도 똑같이 누리기 때문입니다. 주 안에서 죽는 자가 얻는 쉼이란, 죄에 대한 수고를 그치는 것을 뜻합니다. 다시 말해, 우리의 타락한 본성과 사탄과 세상에 맞서 힘겹게 싸우는 것을 그치고 영원히 안식을 취한다는 의미입니다. 죽음을 맞이할 때, 우리는 믿음의 선한 싸움을 끝내고 죄에서 영원히 완전하게 해방될 것입니다.

맺는 글

1_이스라엘 역사로 살펴보는 사중 구원

죄에서의 사중 구원은 하나님께서 구약 시대 이스라엘 민족을 다루시는 과정을 통해 더욱 확실히 이해할 수 있습니다.

1) 죄의 쾌락에서 구원

다음 구절에 이스라엘 백성이 죄의 쾌락에서 구원되는 모습이 생생하게 나옵니다.

> 이스라엘 자손이 고된 일 때문에 탄식하며 부르짖으므로, 그 고된 노동 때문에 부르짖는 소리가 하나님께 이르렀다. 하나님께서 그들의 고통 소리를 들으시고 (출 2:23~24)

이 구절을 창세기 마지막 장면과 비교해보면 분위기가 완전히 다르다는 것을 알 수 있습니다. 애굽의 바로는 요셉에게 이렇게 지시했습니다.

> 애굽 땅이 네 앞에 있으니, 이 땅의 가장 좋은 곳에 네 아버지와 형제가 살게 하고 (창 47:6)

> 이스라엘이 애굽의 고센 땅에 살며 재산을 모으고 생육하고 번성하였다. (창 47:27)

구약에서 애굽은 하나님께 대항하는 세상을 상징합니다. 아브라함의 후손이 정착한 곳은 그런 애굽에서도 〈가장 좋은 땅〉이었습니다. 하지만 주님은 그들에게 그보다 훨씬 좋은 가나안 땅을 주실 계획을 품고 계셨습니다. 그러려면 먼저 이스라엘 백성이 애굽 땅을 단념해야만 했습니다. 그래서 그들은 잔인한 감독관의 채찍에 맞으며 압제에 시달리게 된 것입니다. 그런 식으로 하나님께서는 그들이 애굽을 싫어하게 하시고 그곳에서 해방되길 간절히 바라게 하십니다. 출애굽기의 핵심 주제는 하나님의 구원인데, 하나님께서 구원을 베푸실 때는 가장 먼저 그분 백성이 압제와 고통 가운데 신음하고 울부짖게 하신다는 것을 확실히 알 수 있습니다. 우리도 세상이 싫어지기 전까지는 그리스도께서 주시는 것의 소중함을 전혀 깨닫지 못합니다.

2) 죄의 형벌에서 구원

출애굽기 12장은 하나님의 백성이 죄의 형벌에서 구원되는 과정을 보여줍니다. 유월절 밤, 죽음의 천사가 애굽인 맏아들을 모두 죽였습니다. 하지만 이스라엘인 맏아들은 살려두었는데 그 이유는 무엇일까요? 그들이 하나님 앞에 죄가 없어서는 아닙니다. 모든 사람이 죄를 범하여 하나님의 영광에 이르지 못하였으니까요. 이스라엘 민족도 애굽인들처럼 하나님 보시기에 죄가 많았고 마땅히 심판을 받아야만 했습니다. 하지만 하나님께서는 그들에게 은혜를 베푸셔서 그들을 위해 죄 없는 누군가가 대신 죽임을 당해 피 흘리도록 하셨습니다. 그래서 이스라엘 백성은 〈세상 죄를 지고 가는 하나님의 어린 양〉을 상징하는 양의 피를 인방과 문기둥에 뿌렸고, 그들의 맏아들은 복수의 천사에게서 살아남았습니다. 이는 하나님께서 〈내가 그 피를 볼 때, 너희를 지나쳐 가리라〉(출 12:13)고 약속하셨기 때문입니다. 그렇게 이스라엘은 그들 대신 죽은 어린 양이란 수단을 통해 죄의 형벌에서 구원받았습니다.

3) 죄의 지배에서 구원

이스라엘의 광야 생활은 믿는 자들이 죄의 지배에서 구원받는 과정을 보여줍니다. 이스라엘은 애굽에서 나오자마자 가나안 땅으로 들어간 게 아닙니다. 무려 사십 년 이상 광야에서 수많은 시험과 시련을 겪어야만 했습니다. 하지만 하나님께서는 은혜로운 섭리로 그들을 돌보아 주셨습니다. 매일 아침 하늘에서 만나를 내려주셨는데 이것은 우리 영혼의 양식인 하나님 말씀을 상징합니다. 또, 쪼개진 바위에서 생수가 흘러나오게 하셨는데 이것은 죽임당하신 그리스도께서 보내주시는 성령님을 상징합니다. (요 7:38~39) 그뿐 아니라, 낮에는 구름 기둥으로 인도하시고 밤에는 불 기둥으로 보호하셨는데 이처럼 하나님께서는 우리의 발걸음을 인도하시며 원수로부터 우리를 보호해 주십니다. 하지만 무엇보다 가장 귀한 것은 그들과 늘 함께 있으며, 상담도 해주고, 때로는 꾸짖기도 하고, 그들을 위해 기도해주던 훌륭한 지도자 모세였는데, 그는 〈보라, 내가 너희와 항상 함께 있으리라〉고 말씀하신 구원의 대장 되시는 예수님을 상징합니다.

4) 죄의 실존에서 구원

이스라엘이 약속의 땅에 실제로 들어가는 장면은 믿는 자들이 영화롭게 되는 때를 상징합니다. 그 날에 우리는 그리스도께서 마련해 놓으신 우리의 유업을 온전히 누릴 것입니다. 이스라엘 백성이 가나안 땅을 차지하는 과정은 믿는 자들이 이 땅에서 겪어야 하는 믿음의 갈등을 보여줍니다. 히브리 민족이 그들 소유를 차지하기 위해선 먼저 가나안 원주민을 정복해야만 한 것처럼, 믿음이 그 소유를 차지하려면 많은 걸림돌을 넘어서야만 합니다. 하지만 애굽의 압제와 광야의 시련을 겪은 다음 이스라엘 백성에게 젖과 꿀이 흐르는 땅이 주어진 것처럼, 그리스도인도 이 세상에서 죄 문제를 영원히 해결한 다음에는 천국에서 큰 상급이 주어질 것입니다.

2_요약

> 너는 그의 이름을 예수라 하여라. 이는 그가 주님의 백성을 그들의 죄에서 구원할 것이기 때문이다. (마 1:21)

1) 하나님은 우리에게 죄를 싫어하는 새로운 본성을 심어주셔서 우리를 죄의 쾌락에서 구원하십니다. 이것이 은혜의 기적입니다.

2) 하나님은 우리가 지은 모든 죄의 책임을 없애주심으로 우리를 죄의 형벌에서 구원하십니다. 이것은 은혜의 경이로움입니다.

3) 하나님은 성령님의 사역을 통해 우리를 죄의 지배하는 권세에서 구원하고 계십니다. 이것은 은혜의 능력을 나타냅니다.

4) 하나님은 우리를 우리속에 내재해 있는 죄의 실존에서 구원

하실 것입니다. 이것은 은혜가 얼마나 큰지를 보여줍니다.

주님, 이처럼 기초적이지만 가장 중요한 진리를 주님의 많은 어린 영혼이 깨달아 알도록 하시고, 영적으로 장성한 자들은 이를 통해 더욱 겸손해지게 하여주소서.

다른 복음

사탄은 창시자가 아니라 모방하는 자입니다. 하나님께서 독생자 주 예수를 낳으신 것을 흉내 내서 사탄은 〈멸망의 아들〉을 낳았습니다. (살후 2:3) 거룩한 삼위일체 하나님을 흉내 내서 사탄도 악의 삼위일체를 조직했습니다. (계 20:10) 〈하나님의 자녀〉를 흉내 낸 〈악한 자의 자녀〉(마 13:38)도 있습니다. 그리스도와 성령께서 하나님이 기뻐하시는 뜻을 이루려고 하나님 자녀들 속에서 일하듯이 사탄에게도 〈지금 불순종의 자녀들 속에서 일하는 영〉이 있습니다. (엡 2:2) 〈경건의 신비〉(딤전 3:16)가 있듯이

〈불법의 비밀〉(살후 2:7)도 있습니다. 하나님께서 천사에게 하나님의 종들 이마에 인을 치라고 하신 것처럼(계 7:3), 사탄도 하수인들에게 사탄을 섬기는 자들의 이마에 표를 새기게 합니다. (계 13:16) 〈성령께서 모든 것, 곧 하나님의 깊은 것까지 살피시듯〉(고전 2:10), 사탄도 그의 〈깊은 것〉을 퍼뜨립니다. (계 2:24) 그리스도께서 기적을 일으키신 것을 흉내 내서 사탄도 거짓 기적을 일으킵니다. (살후 2:9) 그리스도께서 보좌에 앉으신 것을 흉내 내서 사탄도 자기 보좌에 앉습니다. (계 2:13) 그리스도께서 교회를 소유하신 것처럼 사탄에게도 〈사탄의 회당〉이 있습니다. (계 2:9) 그리스도께서 빛이신 것을 흉내 내서 사탄도 자신을 〈광명의 천사〉로 가장합니다. 그리스도께서 사도들을 임명하셨듯이 사탄 역시 거짓 사도들을 임명합니다. (고후 11:13) 이 모든 사실을 종합해 보면, 〈사탄의 복음〉에 대해 생각하지 않을 수 없습니다.

사탄은 모방의 귀재입니다. 사탄은 지금도 주님이 좋은 씨를 뿌려놓으신 밭에서 바쁘게 일하고 있습니다. 사탄은 밀과 매우 흡사한 가라지를 뿌려 밀의 성장을 방해합니다. 한 마디로 그리스도의 사역에 재를 뿌리려고 모조품을 만들어내는 것입니다. 그래서 그리스도의 복음이 있는 것처럼 사탄의 복음도 있습니다. 사탄의 복음은 그리스도의 복음과 매우 흡사합니다. 너무도 비슷한 나머지 구원받지 못한 수많은 자들이 그것에 현혹되고 맙니다.

바울 사도가 갈라디아서에서 언급한 내용도 이 사탄의 복음에 대한 것입니다.

> 너희를 불러 그리스도의 은혜 안에 거하게 하신 하나님을 너희가 그토록 빨리 배신하고 다른 복음을 쫓다니 참으로 기이하다. 다른 복음은 없나니, 그저 너희를 속여 그리스도의 복음을 변질시키려는 자들이 있을 뿐이다. (갈 1:6~7)

이 거짓 복음은 무려 사도들이 활동했던 시기에도 전파되고 있었습니다. 바울은 이 거짓 복음을 전하는 자들에게 무서운 저주를 선포했습니다.

> 심지어 우리나 혹은 하늘에서 온 천사라도 우리가 너희에게 전했

던 그 복음 외에 다른 어느 복음이라도 전하면, 그는 저주를 받을 것이다. (갈 1:8)

하나님의 도우심을 의지해 이제부터 이 거짓 복음을 파헤쳐 보겠습니다. 사탄의 복음은 혁명주의 체제나 무정부주의 강령 따위가 아닙니다. 사탄의 복음은 분쟁과 전쟁을 일으키려고 선동하지 않고 오히려 평화와 연합을 추구합니다. 어미가 딸을 대적하고 아비가 아들을 대적하게 하는 것이 아니라 형제애를 강조하며 온 인류를 〈한 형제〉로 여기도록 합니다. 거듭나지 않은 자연인을 좌절하게 하는 것이 아니라 오히려 회복시키고 높여줍니다. 교육과 수련을 장려하며 〈우리 내면에 존재하는 최고 선〉에 호소하라고 부추깁니다. 이 세상을 더욱 살기 좋은 곳으로 만들어 그리스도의 부재가 느껴지지 않고 하나님도 필요 없다고 여기게 합니다. 이 세상일로 너무 바쁜 나머지 앞으로 도래할 세상에 대해 생각해 볼 겨를을 주지 않으며 그럴 기분조차 들지 않게 합니다. 헌신과 관용과 자선을 강조하고 타인의 유익을 위해 살면서 모두에게 친절을 베풀라고 가르칩니다. 사탄의 복음은 세속적인 지성인들에게 강한 매력을 발산하며 일반 대중에게도 큰 인기를 끄는데, 왜냐면 이 복음은 거듭나지 않은 자연인이 전적으로 타락하여 하나님의 생명에서 분리되어 죄 가운데 죽어 있으며 새롭게 거듭나지 않으면 그에겐 아무런 희망도 없다는 불편한 진실에 대해 전혀 언급하지 않기 때문입니다.

그리스도의 복음과는 반대로 사탄의 복음은 선행에 의한 구원을 가르칩니다. 인간이 쌓은 공로를 근거로 하나님 앞에 스스로 의로워질 수 있다고 사람들을 설득합니다. 〈선한 자가 되며 선을 행하라〉는 말을 성구처럼 암송하지만, 이는 육신 안에 선한 것이 전혀 없다고 한 성경의 가르침을 깨닫지 못한 것입니다. 또, 선한 성품에 의해 구원에 이른다고도 하는데 이 역시 하나님의 말씀에 비추어보면 앞뒤가 바뀌었습니다. 성경은 오히려 구원받은 결과로써 선한 성품의 열매가 열린다고 가르칩니다. 이 복음은 다양한 분파와 조직에 파고들어 사람들에게 영향을 주고 있습니다. 금주 운동, 혁신 운동, 기독교 사회주의 연맹, 윤리 문화 협회, 평화 회의 등 많은 사회단체가 부지불식간에 선행에 의한 구원, 즉 사탄의 복음이 널리 퍼지는데 이용당하고 있습니다. 그리스도보다 서약 카드를 중요하게 여기며, 개인 영혼의 구원보다 사회 정화에 힘쓰고, 교리와 경건한 삶보다 정치와 철학을 더욱 강조합니다. 예수 그리스도 안에서 새 피조물로 창조되는 것보다 옛 피조물의 방식대로 수련을 쌓는 것을 더 낫게 여깁니다. 평화의 왕이신 예수님께서 다시 오셔서 다스리길 소망하지는 않고 인간의 노력으로 세계 평화를 이루려고 애씁니다.

사탄의 사도들은 술집 주인이나 백인 노예 상인이 아닙니다. 그들은 대부분 성직자로 활동하고 있습니다. 오늘날 강단을 차지한 목회자 대다수가 이제는 기독교 신앙의 핵심을 선포하지는 않고, 진리를 외면한 채 온갖 예화를 늘어놓는 일에만 급급합니다. 죄의 심각성을 강조하거나 죄지은 대가로 치를 영원한 형벌에 대해 가르치지는 않고 죄를 그저 무지함이나 선의 부재 정도로 가볍게 취급합니다. 〈임박할 진노에서 벗어나라〉고 경고하기는커녕, 하나님은 사랑과 은혜가 너무 풍성하셔서 스스로 지으신 인간을 영원한 고통 속에 집어넣으실 리가 절대 없다고 가르치며 오히려 하나님을 거짓말쟁이 취급합니다. 〈피

흘림이 없으면 죄 사함도 없다〉고 선포하지는 않고 그리스도를 그저 〈위대한 스승〉 정도로 여기며 그분의 발자취를 따르라고만 권합니다. 사도 바울은 이런 자들에 관해 다음과 같이 말합니다.

> 이는 그들이 하나님의 의를 모르고 자기 스스로 의를 세우려 하여 자신들을 하나님의 의에 복종시키지 않았음이라. (롬 10:3)

그들이 전하는 말은 매우 그럴듯하게 들리며, 그들이 품은 뜻은 참으로 훌륭해 보입니다. 하지만 성경은 그들에 관해 이렇게 말합니다.

> 그런 자들은 거짓 사도요, 속이는 일꾼이요, 자기들을 그리스도의 사도로 가장하는(위조하는) 자들이다. 이것이 놀랄 일은 아니니, 사탄도 자신을 빛의 천사로 가장하느니라. 그러므로 사탄의 사역자들이 의의 사역자로 가장한다고 해서 대수로운(이상히 여길) 일은 아니다. 그들의 끝은 그 행위대로 되리라. (고후 11:13~15)

하나님의 뜻을 온전히 선포하고 하나님이 주신 구원의 길을 신실하게 가르치는 교회 지도자들이 요즘은 많지 않습니다. 가르치는 자뿐 아니라 진리를 배우고 싶어하는 교인들조차 별로 없습니다. 예전에는 가정에서 매일 말씀을 함께 읽고 나누었는데, 지금은 소위 믿음의 집안이라 여겨지는 곳에서도 그런 모습을 찾아보기 힘듭니다. 설교자는 성경을 강해하지 않고 회중은 성경을 읽지 않습니다. 이 시대 사람들은 너무 바쁘고 할 일이 많아서 하나님과의 만남을 준비할만한 시간이 거의 없으며, 더욱이 그러고 싶은 마음은 더욱더 없습니다. 이렇게 나태한 자들은 자기 영혼의 문제를 스스로 돌아보지 않고 다른 누군가의 손에 온전히 맡겨버립니다. 하지만 그들이 자기 영혼을 의탁한 자들은 하나님의 말씀을 연구하고 가르치지는 않고 온통 잡다한 경제 문제나 사회 문제에만 매달려 있습니다.

잠언 14장 12절에 이런 말씀이 있습니다.

> 사람에게는 옳게 보이는 길도 있으나, 그 길의 끝은 사망이니라.

〈사망〉으로 끝나는 이 〈길〉은 곧 마귀의 미혹이요, 사탄의 복음이며, 인간의 힘으로 구원에 이르는 길을 뜻합니다. 이 길은 사람에게 〈옳게〉 보입니다. 매우 그럴듯해서 거듭나지 않은 자연인의 마음을 쉽게 사로잡습니다. 교묘하고 매력적인 말솜씨로 제시되어 듣는 자의 지성을 흡족하게 합니다. 종교적인 용어를 사용한다는 이유로, 가끔 성경 말씀을(자기 목적에 맞는 구절만 골라서) 인용한다는 이유로, 사람들에게 높은 이상을 제시한다는 이유로, 신학교를 졸업한 사람들이 가르친다는 이유로, 수없이 많은 사람이 미혹되어 그 길로 들어서고 맙니다.

위조꾼이 성공하려면 모조품을 진품과 최대한 흡사하게 만들어야 합니다. 이단은 진리를 전면으로 부정하지는 않고 슬쩍 왜곡시킵니다. 그래서 반쯤 진실이 담긴 거짓말이 새빨간 거짓말보다 훨씬 위험한 것입니다. 거짓의 아비 사탄도 강단에 침투했을 때, 기독교 근본 진리를 딱 잘라 부인하지는 않고 어느 정도 인정하면서 슬며시 잘못된 해석과 적용을 덧붙입니다. 예를 들면, 사탄은 인격적인 하나님을 대놓고 부인할 만큼 어리석지 않습니다. 하나님의 존재 자체를 부인하지는 않지만, 하나님의 성품에 대해 잘못된 정보를 흘립니다. 사탄은 하나님을 〈온 인류의 영적인 아버지〉라고 가르칩니다. 하지만 성경은 분명히 우리가 〈예수 그리스도를 믿음으로 하나님의 자녀가 되었으며〉(갈 3:26), 〈그를 영접하는 자는 누구든지, 하나님께서 그에게 하나님의 자녀가 되는 권세를 주셨다〉(요 1:12)라고 합니다. 심지어 사탄은 하나님께서 너무도 자비로워서 어떠한 인간도 지옥에 보내지 못할 것이라고 주장합니다. 하지만 하나님께서 친히 〈누구든 생명책에 기록되지 않은 자는 불 못에 던져진다〉(계 20:15)고 말씀하셨습니다.

또, 사탄은 인간 역사의 중심인물인 주 예수 그리스도를 전면으로 부인할 만큼 어리석지는 않습니다. 그 대신, 사탄의 복음은 예수님을 인류 역사상 가장 위대한 인간이라고 가르칩니다. 예수님이 베푸신 사랑과 자비로운 사역과 그분의 아름다운 성품과 고상한 가르침에만 관심을 두게 합니다. 그렇게 예수님의 삶은 칭송하면서도 정작 그분의 잔혹한 죽음에는 관심을 두지 않으며, 가장 중요한 십자가의 속죄 사역도 언급하지 않고, 사망 권세를 이기고 육체로 부활하신 사건은 한낱 미신 따위로

여깁니다. 이는 피 흘림이 없는 복음이며, 십자가를 지지 않은 그리스도, 곧 예수님을 성육신하신 하나님이 아니라 이상적인 인간으로 전하는 복음입니다.

고린도후서 4장 3절이 이 주제를 잘 드러내고 있습니다.

> 만일 우리의 복음이 감추어졌다면, 그것은 잃어버린 자들에게 감추어진 것이다. 그들 속에서 이 세상 신(사탄)이 그들의 믿지 않는 마음을 눈멀게 하여 하나님의 형상이신 그리스도의 영광스런 복음의 빛이 그들에게 비추지 못하게 하였다.

사탄은 그리스도의 복음이 비추는 빛을 감추어 불신자들의 마음을 눈멀게 합니다. 그는 그리스도의 복음을 자신의 복음으로 바꿔치기하여 그 빛을 감추어버립니다. 그래서 성경은 그를 〈온 세상을 속이는 마귀와 사탄〉(계 12:9)이라고 했습니다. 사탄은 사람들에게 〈인간 내면의 최고 선〉에 호소하라거나 〈더 고결한 삶〉을 추구하라는 식의 보편적인 강령을 제시합니다. 그래서 서로 다른 다양한 의견을 하나로 연합시키고 모두가 공통된 메시지를 전할 수 있도록 합니다.

잠언 14장 12절을 다시 한 번 살펴보겠습니다.

> 사람에게는 옳게 보이는 길도 있으나, 그 길의 끝은 사망이니라.

이 말씀에는 중요한 진리가 담겨 있습니다. 지옥에 이르는 길이 겉으로 보기에는 온통 선한 의도로 포장되어 있다는 것입니다. 지옥의 불못에는 선하고 정직하고 높은 이상을 추구하며 칭송할만한 삶을 살았던 자들이 많을 것입니다. 그들은 공정하고 정당하게 거래하며 자선 활동에 힘쓰고 인품도 훌륭하지만, 하나님 앞에서 자신의 선행으로 의롭다 여겨지길 바라는 자들입니다. 도덕적이고 친절하고 너그럽지만, 자신이 지옥에 가야 마땅한 죄인이며 자신을 구원해줄 구세주가 필요하다는 사실은 전혀 인정하지 않는 자들입니다. 이런 길이 바로 〈옳게 보이는〉 길입니다. 오늘날 세속적인 많은 자가 미혹되어 이런 길을 높게 평가하고 사람들에게 추천합니다. 마귀는 우리가 자신의 선행으로 구원받고 의롭게 여겨질 수 있다고 속입니다. 하지만 하나님은 성경을 통해 이렇게 말씀하십니다.

너희가 믿음을 통해 은혜로 구원받았다. 행위로서가 아니니, 이는 누구든지 자랑치 못하도록 하기 위함이다.

우리가 행한 의로운 행위로서가 아니라, 다만 주님의 자비로우심에 따라 주께서 우리를 구원하셨다.

몇 년 전에, 평신도 설교자이면서 열정적인 〈그리스도인 사역자〉 한 사람을 알게 되었습니다. 이 친구는 칠 년이 넘게 설교와 종교 활동을 해왔지만 때때로 정말 거듭난 자인지 의심이 들게 하는 표현을 사용했습니다. 그래서 몇 가지 질문을 해보니, 그는 성경 지식이 거의 없었으며 겨우 그리스도께서 죄인들을 위해 하신 사역에 대해 어렴풋이 이해하는 정도란 사실을 알게 되었습니다. 잠시 시간을 내서 그에게 간략하고 객관적인 방식으로 구원의 길을 설명해주고 말씀을 좀 더 묵상해보라고 권면했습니다. 그리고 하나님께 그가 아직 구원받지 못했다면 속히 구세주를 만나게 해달라고 기도했습니다.

어느 날 밤, 감사하게도 그가 찾아와 바로 전날 밤에 드디어 그리스도를 만났다고 고백했습니다. 그는 무려 수년 동안 사람들에게 복음(?)을 전하던 자였는데 말입니다. 그 친구의 표현을 빌리자면, 그는 그동안 십자가에 못 박힌 그리스도가 아니라 자신이 상상하는 이상적인 모습의 그리스도를 전해왔다고 합니다. 이 설교자처럼 수많은 사람이 그저 주일학교에서 예수 그리스도의 탄생과 삶과 가르침을 배웠고, 예수라는 인물이 역사적으로 존재했음을 믿으며, 이따금 그의 교훈을 따라 살려고 노력한다는 이유만으로 자신은 충분히 구원에 이르렀다는 착각에 빠져 있습니다. 하지만 이들이 성인이 되어 세상에 나가 대학이나 사회에서 생활하다 보면 무신론자와 불신자들에게 자주 공격을 받습니다. 그들은 나사렛 예수라는 인물 따위는 존재한 적이 없다고 빈정댑니다. 이런 공격에도 불구하고 유년기에 받은 교육은 쉽게 잊히지 않는 법이라서 아직 〈예수 그리스도를 믿는다〉라고 입으로는 고백합니다. 그런데 그 믿음을 자세히 살펴보면, 그저 예수란 인물에 관해 언급되는 내용을 믿을 뿐이며 진정으로 예수 그리스도를 믿지는 않는 경우가 많습니다. 머리로는 한 때 예수라는 훌륭한 인물이 살았다는 사실을 믿습니다. (게다가 그런 믿음만으로 자신이 구원받았다고 착각합니다.) 하지만 마음으로는 그분을 진정으로 믿지 않으며, 주님께 자신을 굴복시키지도 않고, 주님께 대항하려고 치켜든 무기를 절대 버리려 하지도 않습니다.

마음을 온전히 주님께 드리지도 않고 그분께 헌신하는 삶을 살지도 않으면서, 그저 그리스도의 인성에 대한 정통교리를 믿는다는 이유만으로 자신이 구원받았다고 착각하는 것 역시 또 다른 측면에서 〈사람에게는 옳게 보이나 그 끝은 사망에 이르는 길〉입니다. 그리스도께서 살아계심을 인정하면서도 더 나아가려 하지 않는 것도 또 다른 측면에서 〈사람에게는 옳게 보이나 그 끝은 사망에 이르는 길〉입니다. 다시 말해, 이 모두가 사탄의 복음에 해당합니다.

자, 이제 당신은 어느 길에 서 있습니까? 당신의 눈에는 〈옳게 보이지만〉 그 끝은 사망에 이르는 길에 서 있지는 않습니까? 아니면 생명에 이르는 좁은 길에 서 있습니까? 정말로 사망에 이르는 넓은 길에서 돌아섰다고 확신합니까? 그리스도의 사랑이 마음을 변화시켜 주님께서 싫어하는 악한 것을 모두 미워하고 끔찍하게 여기게 되었습니까? 주께서 여러분을 〈통치하시길〉 간절히 바랍니까?(눅 19:14) 하나님께 나아가기 위해 오직 그리스도의 공로와 보혈에만 전적으로 의존합니까?

세례식이나 견진 성사(1)와 같은 외적인 경건 의식에 의존하는 자들과 사람들에게 존경받으려고 종교 활동을 하는 자들과 유행을 따라 교회에 출석하는 자들과 어떤 교단에 소속되는 것을 그리스도인이 되기 위한 절차로 여기는 자들은 모두 〈사망에 이르는 길〉, 다시 말해 영원한 영적 죽음에 이르는 길에 서 있는 것입니다. 우리의 동기가 아무리 순수해도, 의도가 아무리 고결해도, 목적이 아무리 뜻깊어도, 노력이 아무리 성실해도, 우리가 하나님의 독생자를 영접하지 않으면 하나님은 우리를 결코 자녀로 삼아주시지 않을 것입니다.

그런데 이보다 더 교묘하고 그럴듯한 사탄의 복음이 있습니다. 사탄은 설교자들로 하여금 회중에게 회개에 대해서는 전혀 가르치지 않고 그리스도의 희생에 의한 속죄만 강조하면서 그저 독생자를 〈믿기만 하면〉 다른 어떤 것도 필요하지 않다고 가르치도록 합니다. 그런 식으로 전혀 회개하지 않은 수많은 영혼을 자신이 이미 구원받았다는 착각에 빠지도록 합니다. 하지만 그리스도는 분명히 말씀하셨습니다.

너희도 회개하지 않으면 모두 이처럼 멸망할 것이다. (눅 13:3)

〈회개〉란 죄를 미워하고 죄에 대해 탄식하며 죄로부터 돌아서는 것을 뜻합니다. 회개는 성령님께서 우리에게 하나님 앞에 참회하는 마음을 주셨을 때 일어나는 결과입니다. 이와 같은 깨어진 심령이 없이는 누구도 주 예수 그리스도를 향해 구원에 이르는 믿음을 가질 수 없습니다.

또, 많은 사람이 그리스도를 〈구세주〉로 섬기려 하지는 않고 자신의 개인적인 〈구원자〉로 삼으려고만 합니다.

하나님의 독생자께서 이 땅에 오신 목적은 단지 그분의 백성을 죄에 속한 그 상태로 구원하려는 것이 아닙니다. 그들을 죄로부터 건져내려고 오신 것입니다. (마 1:21) 죄로부터 건져낸다는 의미는 하나님의 권위를 무시하고 멸시하던 짓을 그만두고, 자기 고집과 자기만족을 포기하고, 자기의 길을 버리는 것(사 55:7)

을 뜻합니다. 그래서 하나님의 권위에 항복하고 하나님의 지배에 굴복하며 우리 자신을 하나님의 통치에 맡기는 것입니다. 그리스도의 멍에를 메려고 하지도 않고 삶의 모든 부분에서 주님을 기쁘게 해드리려는 마음도 전혀 없으면서, 자기도 그리스도께서 완수하신 사역을 의지해 안식할 수 있다고 기대하는 자는 마귀의 속임수에 넘어간 것입니다.

마태복음 7장에 그리스도의 복음과 사탄의 거짓 복음이 초래하는 대략적인 결말을 보여주는 두 본문이 나옵니다. 먼저 13~14절에 나오는 내용입니다.

> 너희는 좁은 문으로 들어가라. 이는 멸망에 이르는 문은 크고 그 길이 넓어서 그리로 들어가는 자가 많으니라. 생명에 이르는 문은 좁고 그 길이 협소하여 그것을 발견하는 자가 거의 없도다.

22~23절에는 이런 내용이 나옵니다.

> 그 날에 많은 이가 내게 말할 것이다. 〈주여, 주여, 저희가 주의

이름으로 예언(설교)하고, 주의 이름으로 귀신을 쫓고 많은 놀라운 일을 하지 않았나이까?〉 그때 내가 그들에게 단호히 말할 것이다. 〈나는 너희를 전혀 알지 못하니, 불법을 행하는 너희는 내게서 떠나라.〉

아, 여러분, 그리스도의 이름으로 사역하고, 심지어 그 이름으로 설교하고, 세상과 교회가 모두 아는 자라 할지라도 주님께서는 알지 못하는 자가 될 수 있습니다!

그러니 우리가 현재 어느 위치에 있는지 살펴보는 일이 얼마나 중요한지 모릅니다. 여러분의 믿음이 어디에 있는지 스스로 살피며 하나님의 말씀으로 자신을 측량해보고, 혹시 교활한 원수에게 속고 있는 것은 아닌지 의심해보며, 지금 짓고 있는 집이 모래 위에 세워지는지 아니면 반석이신 예수 그리스도 위에 세워지는지 점검해보는 시간을 가지시기 바랍니다.

성령님, 우리 마음을 살피시고 고집을 꺾으시고 하나님을 향해 품은 적의를 제거해 주시고 깊고 진실한 회개를 일으키셔서 오직 세상 죄를 지고 가는 하나님의 어린 양만 똑바로 바라보게 하여 주소서.

출판사 소개

프리스브러리는 Pristine(오염되지 않은)과 Library(도서관)의 합성어로 종교개혁가와 청교도 같은 신앙 선배들이 남긴 믿음의 유산을 보존하고 널리 알리기 위해 설립되었습니다.

한국은 미국 다음으로 많은 신앙 도서가 출간되는 기독교 강국이지만 아직 국내에 소개되지 않은 주옥같은 책이 너무도 많습니다. 또한, 이미 출판되었다고 해도 번역이 난해해서 읽기 어렵거나 판매량이 저조해 절판된 책도 적지 않습니다.

프리스브러리는 엄선된 기독교 고전 작가의 저서 중에서 한 번도 국내에 출판되지 않았거나 절판되어 구하기 힘든 책을 재번역해 〈디지털 소량 출판〉과 〈전자책〉을 통해 비록 판매량이 적더라도 절판되지 않고 언제든 쉽게 찾아볼 수 있게 하고 있습니다.

아울러 장래에는 국내 뿐 아니라 일본, 중국, 동남아 등 다양한 언어로 번역해 전자책으로 만들어 무료로 배포할 계획을 세우고 있으며, 이를 통해 〈선교 한류〉의 붐이 일어나기를 꿈꾸고 있습니다.

이런 프리스브러리의 비전을 함께 이루고 싶으신 분은 새로운 책이 한 권 나올 때마다 격려하는 차원에서 아래 계좌로 1만원씩 후원해주세요. 후원금은 모두 다음 신간의 번역과 출판 비용으로 사용됩니다.

후원 계좌: 씨티은행 533-50447-264-01 (정시용)